세계를 바꾸는
착한 식탁 이야기

이 도서의 국립중앙도서관 출판시도서목록(CIP)은 서지정보유통지원시스템 홈페이지 (http://seoji.nl.go.kr)와 국가자료공동목록시스템(http://www.nl.go.kr/kolisnet)에서 이용하실 수 있습니다. (CIP제어번호: CIP2015024790)

세계를 바꾸는 착한 식탁 이야기

글 박소명 | 그림 홍지연
교과과정 자문 위우정

북멘토

글쓴이의 말

즐겁고 맛있는 책 읽기

우리가 살아가는 데 필요한 에너지를 만들어 주는 음식은 하루도 거를 수 없지요. 그런데 음식을 먹으면서 '무슨 재료로 만들었을까?' 생각해 본 적 있나요? 예를 들어 블루베리가 들어간 빵을 먹으면서 블루베리가 어디에서 나는지, 빵을 만드는 밀이 어떤 것인지 말이에요. 블루베리는 진달랫과 떨기나무에 열리는 보라색 열매라는 것, 밀은 보리처럼 밭이나 논에 심어 수확한 알곡이라는 것 알고 있나요? 혹시 몰랐다 해도 상관없어요. 지금부터 알아 가면 되니까요.

친구를 사귈 때 어떻게 하죠? 처음엔 이름을 물어보겠지요. 어디 사는지도, 가족 관계도 차차 알아 가게 될 거예요. 무엇보다 어떤 생각을 가지고 어떤 마음으로 사는지 알게 되면서 친해지겠죠. 서로를 잘 알게 될수록 더욱 친해지는 친구처럼, 음식도 알고 먹으면 훨씬 친근해지고 소중함도 느끼게 되는 거랍니다.

우리가 사는 지구에는 수많은 먹거리가 있어요. 각 나라마다 사랑받는 특별한 먹거리들도 있죠. 이 책에 소개하고 있는 감자, 블루베리, 치즈, 토마토, 연어, 올리브, 콩은 몸에도 좋고 세계 여러 나라에서 공통적으로 좋아하는 먹거리예요. 이 일곱 가지는 수없이 많은 좋은 먹거리들 중 대표

선수처럼 뽑아 본 거예요.

  사람도 태어난 곳이 있듯이 먹거리도 태어난 곳이 있어요. 각 먹거리들의 원산지, 전파 과정, 얽힌 이야기 등을 이 책에서 만나 볼 수 있답니다. '아하, 먹거리마다 이런 역사가 있었구나. 또 이런 과정을 통해서 우리 식탁에 오르는 거구나. 아하, 이렇게 몸에 좋은 먹거리였어? 나도 자주 먹어 봐야지' 하는 마음을 가진다면 이 책을 쓴 보람이 있을 거예요. 나아가 몸에 좋은 먹거리를 골고루 먹는 계기가 된다면 더 바랄 게 없겠지요.

  이 책은 각 꼭지마다 먹거리에 대한 동화와 정보가 들어 있어요. 또 직접 요리를 해 볼 수 있는 레시피가 있는 게 특징이랍니다. 즐겁고 맛있는 책읽기가 되기를 바라면서 썼지요. '오물조물 레시피'는 제가 직접 만들어 본 거예요. 여러분이 직접, 또는 엄마와 함께 잘 활용해 볼 수 있도록 말이에요. 사실 이 책을 쓰면서 '오물조물 레시피'를 활용해 음식을 만들어 본 일이 가장 재미있었답니다. 여러분도 만들어 볼 거죠? 더 특별하고 맛있는 응용법을 찾으면 제게도 꼭 알려주세요.

                                      2015년 9월 수리산 아래에서 푸른 아이 박소명

차례

우리에겐 감자가 있어요   감자와 아일랜드   11

더 알아볼까요?   30
- 아일랜드 • 감자는 악마의 식물? • 감자와 아일랜드 대기근 • 우리나라와 감자

오물조물 레시피 : 감자전   33

약도 되고 옷도 되는 파란 열매   블루베리와 미국   37

더 알아볼까요?   56
- 미국 • 푸른 딸기, 블루베리 • 블루베리의 어머니, 엘리자베스 화이트
- 블루베리를 처음 알려 준 미국 원주민들은 어떻게 되었을까? • 우리나라와 블루베리

오물조물 레시피 : 블루베리 핫케이크   59

은혜 갚은 카망베르 치즈   치즈와 프랑스   63

더 알아볼까요?   83
- 프랑스 • 치즈는 어떻게 만들까? • 카망베르 치즈 이야기 • 우리나라와 치즈

오물조물 레시피 : 치즈 계란찜   87

토마토를 던져라   토마토와 스페인   91

더 알아볼까요?   107
- 스페인 • 영양 만점 토마토 • 토마토는 과일일까, 채소일까?
- 부뇰 토마토 축제 • 우리나라와 토마토

오물조물 레시피 : 토마토 스파게티   111

연어와 함께 사는 이텔멘족 연어와 러시아 115

더 알아볼까요? 133

- 러시아 • 원시의 땅, 캄차카 반도 • 캄차카 원주민, 이텔멘족
- 강에서 바다로 다시 강으로, 연어 • 우리나라와 연어

오물조물 레시피 : 연어초밥 137

희망을 나눠 주는 열매 올리브와 팔레스타인 141

더 알아볼까요? 161

- 팔레스타인 • 먹고 바르고 마시는 열매 올리브 • 팔레스타인과 올리브
- 우리나라와 올리브

오물조물 레시피 : 식빵 올리브 피자 165

우리 땅에서 키운 우리 콩 콩과 우리나라 169

더 알아볼까요? 184

- 밭에서 나는 쇠고기, 콩 • 콩의 변신 • 유전자 조작 콩

오물조물 레시피 : 콩 스튜 187

세계의 슈퍼푸드 188

글쓴이의 말 4
도움받은 책·사이트·사진 제공 192
교과과정 연계 194

우리에겐 감자가 있어요

감자와 아일랜드

"우리를 억압하고, 우리들의 돼지와 닭을 죽이고,
방앗간을 불태워도 우리는 끄떡없다네.
우리는 용맹한 아일랜드인이니까. 우리에겐 감자가 있으니까."

"에바, 닉, 잭!"

씨감자를 구하러 멀리 친척집으로 떠났던 아빠가 집으로 들어섰다. 아빠도, 뒤따라 들어오는 에릭 오빠도 묵직해 보이는 자루를 멨다. 자루 속이 궁금해진 에바와 동생들이 가까이 다가갔다. 엄마가 부엌에서 나오며 말했다.

"많이 구해 왔네요."

"이웃들과 나누어 심으려고."

아빠가 어깨를 으쓱해 보였다. 엄마는 자루를 들여다보며 고개를 끄덕였다. 에바는 울퉁불퉁 돌멩이 같은 감자를 보며 얼굴을 찡그렸다. 생각했던 것보다 더 못생겨 보였다. 에바는 시큰둥하게 말했다.

"감자 먹으면 병에 걸린다던데요?"

"에바, 그 소문은 영국 사람들이 퍼뜨린 헛소문이란다. 아빠가 알아 봤는데 감자는 영양이 듬뿍 들어 있는 좋은 식품이래. 감자를 먹는 우리 아일랜드 사람들만이 이 사실을 알고 있지. 우리도 진작부터 감자를 심었어야 했어. 내일은 모두 나가서 감자를 심어야 해."

아빠가 감자 자루를 닫으며 말했다.

다음 날 온 식구가 감자를 심으러 나섰다. 아빠에게 씨감자를 받은 이웃들도 밭으로 갔다. 밭은 도랑가로 길게 이어져 있었다. 밀과 보리를 빼앗아 간 영국인 지주에게 겨우 얻은 땅이었다. 그동안 채소를 심어 먹었지만 이제 감자를 심기로 했다.

"감자는 이렇게 놓고 흙을 살살 덮어야 해."

아빠가 시범을 보였다. 엄마와 오빠는 아빠를 따라 감자를 심었다. 동생들은 밭고랑을 뛰어다니며 장난치느라 바빴다.

"자, 자, 서둘러 심어. 에바, 너도 어서 심어야지."

아빠가 에바를 보며 말했다.

"난 감자 안 먹을 거니까 안 심을래."

에바는 흙장난을 하며 딴청만 부렸다. 아빠가 에바에게 다가왔다.

"에바, 네게 미처 말하지 못한 게 있구나. 아빠랑 오빠는 곧 영국군과 싸우러 나가야 한단다."

"뭐라고요? 안 돼요."

에바 눈에서 금세라도 눈물이 뚝뚝 떨어질 것 같았다. 에바

도 알고 있었다. 영국군과 싸우러 간다는 것은 목숨을 내놓는 일이라는 것을.

"나라가 힘이 없으니 우리가 애써 농사지은 밀도 지키지 못하잖니. 싸워서 나라를 찾아야지."

아빠는 에바 머리를 쓰다듬으며 말을 이었다.

"우리가 없더라도 엄마랑 너랑 동생들이랑 양식 걱정은 없어야 하지 않겠니. 그래서 이 감자를 심는 거란다."

에바는 쏟아지는 눈물을 훔치며 아빠를 따라 감자에 흙을 덮었다. 그러고는 여전히 시무룩한 얼굴로 중얼거렸다.

"아빠도 없는데 이걸 어떻게 키운담."

"에바, 감자는 말이야 힘들 게 없는 농사야. 쟁기도, 쟁기를 끌 말도 필요 없잖니. 이렇게 심어만 놓으면 땅속에서 저 혼자 알이 굵어진대. 감자는 참 착한 것 같지 않니? 하하."

아빠는 에바의 기분을 달래기 위해 농담을 했다.

"착하다고요?"

에바는 고개를 갸웃거렸다.

"그것뿐 아니야. 밀이나 보리처럼 베고, 타작하고, 방앗간에서 빻을 필요도 없는 거야. 그냥 캐서 저장해 놓고 쪄 먹거나, 구워 먹거나, 으깨 먹으면 된대. 요리법도 참 간편하지? 그러

니 얼마나 착해."

아빠가 환하게 웃었다. 에바는 아빠 웃음 뒤에 숨어 있는 슬픔이 느껴져서 더는 묻지 않았다. 아빠는 이웃들이 잘 심나 보려고 다른 밭으로 갔다.

에바는 감자 밭두렁을 걸었다. 아빠 말대로 감자는 저 혼자서도 푸르게 자라났다. 땅이 습해 채소는 잘 자라지 않았는데 감자는 달랐다. 탐스럽던 꽃도 이미 졌고, 어느새 캘 때가 다 되었다. 천천히 걷던 에바는 감자밭에 쪼그리고 앉았다. 아빠를 떠올리며 감자 잎을 만지작거렸다.

아빠는 떠나기 전날 밤에도 슬픔에 싸인 에바를 다독거렸다.

"너도 아일랜드를 사랑하지? 에릭 오빠와 나도 그렇단다. 그래서 싸우러 가는 거야. 너무 슬퍼하지 말고 엄마랑 동생들을 잘 보살펴 주렴. 널 믿으마."

에바는 두 주먹을 불끈 쥐었다.

"나쁜 영국!"

영국은 아일랜드 사람들이 농사를 지으면 다 빼앗아 가 버렸다. 남의 나라에 와서 주인인 것처럼 굴었다. 아일랜드 사람들은 겨우겨우 채소죽으로 끼니를 때웠다. 에바네도, 이웃들도 마찬가지였다.

에바는 매일같이 감자밭을 거닐며 아빠와 오빠가 돌아올 날을 꿈꾸었다. 내일, 아니 오늘 당장에라도 올 것만 같았다. 하지만 그것은 정말 꿈일 뿐이었다. 기다려도 기다려도 아무런 소식이 없었다. 그사이에 영국과 싸우러 나간 마리아네 아빠, 톰네 아빠, 마이클네 형과 아빠는 목숨을 잃었다. 아빠와 오빠도 여전히 소식이 없었다. 들려오는 소문에 의하면 영국에 맞서 싸운 대부분의 아일랜드 사람들이 목숨을 잃었다고 했다. 에바는 아빠와 오빠가 제발 무사하게 해 달라고 성모 마리아에게 늘 기도를 올렸다.

"누나! 저것 좀 봐!"

생각에 잠겨 있는데 언제 왔는지 닉과 잭이 소리쳤다. 에바는 깜짝 놀라 벌떡 일어났다. 마을 여기저기서 불길이 치솟아 올랐다. 수확을 끝낸 밀밭에도, 방앗간에도, 세상을 잡아먹을 듯 불꽃이 춤을 추었다.

마을을 벗어나고 있는 영국군 무리가 눈에 들어왔다. 에바는 빛보다 더 빠르게 뛰었다. 마을 사람들이 여기저기서 울부짖고 있었다.

에바는 엄마를 찾아 두리번거렸다. 머리카락은 헝클어지고, 신발도 신지 못한 채 담벼락에 기대어 앉은 엄마가 보였다.

"엄마!"

"에바야!"

엄마와 에바는 서로 껴안으며 울음을 터트렸다. 잭과 닉도 엄마와 누나 품으로 파고들며 울먹였다.

"그나마 있던 양식까지 다 태워 버렸으니 이제 뭘 먹고 살라고!"

"이 나쁜 놈들!"

"하늘이 무섭지도 않은 것이냐! 이놈들아."

여기저기서 마을 사람들이 외치는 소리가 들려왔다.

날이 저물자 영국군을 피해 숲 속으로 숨었던 톰네 삼촌과

청년들이 마을로 돌아왔다. 무사한 청년들을 보러 마을 사람들이 모여들었다. 톰네 삼촌이 슬퍼하는 사람들에게 외쳤다.

"여러분, 힘을 내요. 다행히 감자밭은 무사해요. 영국 놈들이 이딴 건 먹지도 못하는 거라며 불태우지 않았어요."

"그러네요. 우리에겐 감자가 있었네요."

"에바 아빠가 이럴 줄 알고 대비했군요."

"정말 감사한 일이에요."

마을 사람들이 한마디씩 했다. 에바는 조용히 아빠를 부르며 뜨거운 눈물을 흘렸다.

"감자를 앞당겨 캡시다."

"맞아요. 당장 식량이 없잖아요. 알이 들었을 거예요."

마을 사람들은 저마다 밭으로 향했다. 잭과 닉은 벌써 앞서거니 뒤서거니 감자밭으로 내달렸다. 에바도 엄마와 함께 감자 캐는 삽을 들고 뒤따랐다. 그깟 것 하고 무시했는데 감자가 희망이 될 줄 에바는 몰랐다.

"우아, 알이 굵어요!"

잭과 닉이 감자밭 이랑을 손으로 파헤치며 말했다. 에바도 삽으로 이랑을 팠다. 동생들 말처럼 감자알이 굵었다. 땅을 팔 때마다 감자가 쏟아져 나왔다.

"이렇게 많은 감자가 땅속에서 자라고 있었네요."

에바는 입을 다물지 못했다. 잭과 닉은 감자를 던지며 장난을 치느라 야단이었다. 엄마가 소리쳤다.

"얘들아, 가장 크고 맛있게 생긴 감자를 골라 보렴."

"왜요?"

잭과 닉이 동시에 물었다.

"아빠와 에릭 형 오면 주게."

"아하, 내가 고른 걸 줄 거야."

"아니야, 내 걸 줄 거야."

잭과 닉은 당장에 앉아서 감자를 고르기 시작했다. 에바는 굵은 감자를 만지작거리며 아빠 생각에 잠겼다. 가족을 생각한 아빠 마음이 느껴졌다. 아빠가 감자를 심겠다고 했을 때 철없이 짜증을 냈던 자신이 부끄러웠다. 정말 아빠와 오빠가 와서 이 감자를 먹으면 얼마나 좋을까 생각했다.

"참 잘 골랐네. 아빠랑 형이 좋아하겠는걸."

엄마는 골라 놓은 굵은 감자들을 땅을 파 만든 움 안에 넣었다. 그 위에 골풀을 올려 덮으며 엄마가 중얼거렸다.

"아빠에게 배운 방법이지……."

에바도 골풀을 한 겹 더 덮었다. 잘 저장해 두었다가 두고두고 양식으로 먹을 감자였다. 다른 감자들도 크기별로 골라 바구니에 담았다.

이제 겨울 걱정은 한시름 놓았다. 감자도 넉넉했고, 집 앞에는 늪지대에서 캐 온 토탄이 켜켜이 쌓여 있었다. 겨울에 오두막을 따뜻하게 해 줄 땔감이었다. 시간 날 때마다 엄마와 에바가 미리미리 캐다 놓은 것이었다.

감자 수확이 끝나자 마을 사람들은 에바네 집에서 감자 파티를 열었다. 사람들은 각자의 집에서 감자를 한 바구니씩 들고 와서 함께 요리했다. 감자수프, 양파를 섞어 으깬 샐러드, 감자빵도 구웠다.

음식을 차린 후 함께 둘러앉았지만 모두들 시무룩했다. 잃어버린 식구들 생각이 나서 말없이 눈물을 흘렸다. 톰네 삼촌이 감자 하나를 집어 들고 큰 소리로 말했다.

"우리는 어떻게든 견뎌 내야 합니다. 우리의 첫 수확을 맛있게 먹읍시다. 자, 우리의 감자를 위하여!"

"우리의 감자를 위하여!"

모두들 따라 말했다. 그리고 맛있게 감자를 먹었다. 조심스럽게 감자를 입에 문 에바를 보며 톰네 삼촌이 물었다.

"에바, 맛이 어떠니?"

"그, 그러니까 소중한 맛이에요."

에바가 얼버무렸다.

"소중한 맛이라고?"

사람들이 고개를 갸웃거렸다.

"아빠 마음이 들어 있어서 맛이 소중해요."

"하하, 말 되네."

"그렇지 아빠 마음이 가득 들어 있지."

모두들 한바탕 웃고 말았다. 사실 에바 입에도 포근포근 맛있었다. 생각과는 전혀 다른 맛이었다. 개나 먹는 것이라고 하고, 먹으면 나병(한센병)에 걸린다고 한 것은 헛소문이었다.

음식을 어느 정도 먹자 몇 사람이 아일랜드 악기 피들을 연주했다.

"우리를 억압하고, 우리들의 돼지와 닭을 죽이고, 방앗간을 불태워도 우리는 끄떡없다네. 우리는 용맹한 아일랜드인이니까. 우리에겐 감자가 있으니까."

어느새 모두들 입을 모아 노래를 불렀다.

에바는 조용히 마음속으로 기도를 올렸다.

'성모님, 영국이 물러가게 도와주세요. 아빠와 오빠가 꼭 돌아왔으면 좋겠어요. 그래서 함께 따뜻한 감자를 먹을 수 있도록 도와주세요. 꼭이요!'

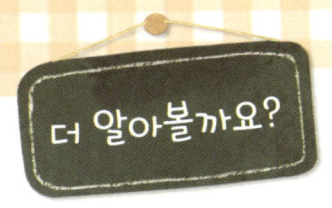

아일랜드

아일랜드는 이름 그대로 섬나라야. 영국 서쪽에 위치하고 있지. 여름과 겨울이 큰 차이 없이 따뜻한 나라야. 수도는 더블린이고 섬나라인 만큼 3천 킬로미터가 넘는 해안선을 갖고 있어.

오랫동안 영국 식민지 생활을 겪은 아일랜드 사람들은 영국에 대한 감정이 좋지 않아. 마치 우리나라와 일본의 관계와 비슷하다고 이해하면 돼.

『행복한 왕자』를 쓴 오스카 와일드, 『드라큘라』를 쓴 브람 스토커를 비롯하여 노벨문학상을 받은 버나드 쇼, 예이츠, 베케트 등 유명한 작가가 아일랜드 출신이란다.

감자는 악마의 식물?

감자 요리 좋아하니? 감자칩, 감자튀김, 감자피자……. 감자는 이렇게 맛있는 음식이 되기도 하지만 몸에도 참 좋단다.

감자는 식이섬유가 많아 소화가 잘되고 비타민C, 단백질 등 영양소도 풍부해. 그래서 '땅속의 사과'라 불리지. 감자에 들어 있는

칼륨은 몸속 소금기를 배출해 혈압을 낮춰 주고 신장을 건강하게 해 준대. 또 감자는 햇볕에 화상을 입거나 기미가 생겼을 때도 유용하게 쓰이고 있단다.

감자 원산지는 남아메리카 안데스 산맥이야. 땅속줄기에서 열매처럼 자라지.

감자 자체를 씨감자로 보관했다가 키운단다. 씨앗을 심으면 변종이 많이 생길 수 있거든. 감자는 좁은 땅에서 많은 수확을 할 수 있어. 그래서 흉년이 들어 먹을 게 모자랄 때 큰 역할을 했지. 16세기 후반 남미를 점령한 스페인 사람들이 유럽에 감자를 전파했대. 하지만 덩이줄기 식물을 먹어 본 적 없는 유럽 사람들은 생긴 모양만 보고 '악마의 식물'로 생각했단다. 18세기가 되어서야 영국 의사 '존 힐'에 의해 감자에 독이 없다는 것이 밝혀졌지. 감자 요리를 온 세계가 즐겨 먹고 있는 요즘에 생각하면 참 우습지?

▲ 영국의 의사이자 식물학자였던 존 힐(1714~1775)이야. 감자를 먹으면 병에 걸린다며 모두가 기피했던 감자에 독이 없음을 1750년에 처음으로 밝혀냈지.

감자와 아일랜드 대기근

아일랜드를 점령한 영국은 아일랜드의 모든 곡식을 송두리째 빼앗아 가 버렸어. 하지만 소작으로 빌린 도랑가나 귀퉁이 땅에 심은 감자는 가져가지 않았단다. 영국에서는 감자를 먹지 않았거든.

1649년에서 1653년까지 독립운동을 하던 아일랜드인들은 전체 인구수의 3분의 1이 죽거나 도망 다녀야 했어. 급격한 인구 감소가 있었지만 감자 덕분에 다시 빠르게 인구가 늘어날 수 있었단다. 당시 성인 한 사람이 하루에 8개 정도의 감자를 먹는 것만으로도 영양 상태가 나쁘지 않았어. 어때, 감자가 아일랜드를 살렸다고 말할 수 있겠지?

하지만 1845년부터 1852년까지 일어난 아일랜드 대기근만큼은 피할 수 없었

◀ 아일랜드 대기근의 희생자들을 추모하는 조각상이야. 당시 아일랜드인들이 겪었을 가난과 배고픔의 고통을 적나라하게 표현한 작품이지. 아일랜드의 수도인 더블린에 세워져 있어.

지. '파이토프토라 인페스탄스'라는 감자역병균 때문이었어. 감자를 수확하지 못하게 되자 어쩔 수 없이 수많은 사람들이 배고픔을 벗어나려고 미국, 캐나다 등지로 이주했어. 이주인 중 페트릭이란 청년이 있었는데 후에 페트릭의 4대손이 미국 대통령이 되었단다. 바로 존 에프 케네디야.

우리나라와 감자

감자가 우리나라에 처음 들어온 때는 언제일까? 조선 후기 이규경이 쓴 백과사전『오주연문장전산고』에 의하면 1824~1825년 사이라고 해.
또 청나라 사람이 국경 넘어 조선 땅에 몰래 감자를 심어 먹다가 밭에 남겨 둔 것을 키우게 됐다고 하지. 1832년 전라북도 바다에 영국 배가 닿았는데, 배에 탔던 선교사가 씨감자와 기르는 법을 전해 줬다는 이야기도 있어.
하지만 본격적으로 심은 때는 1890년대 이후래.
지금은 우리나라 전역에서 감자를 키우고 있어. 그래도 감자 하면 강원도 감자겠지? 요즘은 겨울에 수확하는 제주도 감자도 있단다.

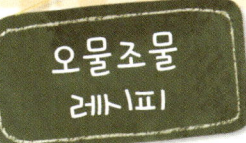

감자전

재료 : 감자 3개, 애호박 1/2개, 당근 1/2개, 소금, 식용유

1. 감자와 애호박, 당근을 깨끗하게 씻는다.
2. 씻어 놓은 감자의 껍질을 벗긴다.
3. 감자를 강판에 갈아 건더기는 물기를 짜 따로 두고, 감자즙은 앙금이 가라앉도록 20분 쯤 둔 다음 웃물을 따라 낸다.
4. 애호박과 당근을 채 썬다.
5. 갈아 놓은 감자 건더기와 감자즙, 애호박과 당근을 오목한 그릇에 모아 둔다.
6. 소금 간을 해 잘 섞어 준다.
7. 프라이팬에 부쳐 낸다.

약도 되고 옷도 되는 파란 열매

블루베리와 미국

"오래전 원주민들은
이것을 신이 내린 별 모양 열매라고 했단다.
꽃받침이 진짜 별 모양이거든."

"아빠, 크랜베리가 빨갛게 익었어요."

엘리자베스는 열매를 따려고 바구니를 챙겼다. 크랜베리가 익기 시작하면 엘리자베스는 아빠보다 먼저 나섰다. 엘리자베스네는 뉴저지 주 화이츠보그에서 크랜베리 농장을 하고 있었다.

아빠는 그런 엘리자베스를 보고 장난스럽게 말했다.

"아이고, 우리 꼬마 농부 부지런하기도 하지."

"커서 진짜 농부가 될 거예요."

엘리자베스는 동글동글한 붉은 열매를 열심히 땄다.

"농부는 아무나 되는 게 아니란다."

아빠는 이렇게 말했지만 엘리자베스를 흐뭇하게 바라보았다. 엘리자베스는 자박자박 걷기 시작했을 무렵부터 농장을 좋아하더니 열 살이 되도록 변함없었다. 워낙 성격도 밝았고 씩씩해서 언제 봐도 즐거운 아이였다.

아빠는 엘리자베스를 데리고 농장 근처를 걸었다. 엘리자베스는 농장뿐만 아니라 농장 주변의 들과 숲을 좋아했다. 풀숲에는 이름 모를 들꽃들이 흐드러지게 피어 있었다. 빽빽하게 얼크러진 떨기나무들은 저마다 작은 열매를 달고 있었다. 엘리자베스는 들길을 따라 달려갔다.

"천천히 가라! 고삐 풀린 망아지 같구나."

아빠가 엘리자베스 뒤에 대고 큰 소리로 외쳤다. 하지만 엘리자베스는 들은 척도 하지 않고 마구 달렸다. 그러더니 뭔가를 발견했는지 우뚝 제자리에 섰다. 곧이어 엘리자베스는 풀숲으로 걸어 들어갔다.

"왜 그러니?"

아빠가 단숨에 달려왔다.

"아빠, 이거 블루베리라고 했죠?"

엘리자베스는 잡풀이 우거져 있는 곳을 가리켰다. 그곳엔 푸르다 못해 검게 보이는 진한 보라색 열매가 달려 있었다. 작지만 야무져 보였다.

"맞아. 지난번에도 따 먹었지."

아빠는 팔을 뻗어 간신히 열매를 땄다. 몇 개는 손에서 으깨어져 금세 진한 즙이 흘러나왔다. 엘리자베스는 열매를 받아 손바닥에 놓고 이리저리 살펴보았다.

"오래전 원주민들은 이것을 신이 내린 별 모양 열매라고 했단다. 꽃받침이 진짜 별 모양이거든."

아빠는 블루베리 하나를 입에 넣었다. 엘리자베스도 얼른 한 알을 입에 넣었다.

"으, 시다. 달콤하기도 하고! 근데 왜 이 열매를 신이 내렸다고 한 거예요?"

"사람에게 아주 유익해서지. 배탈이 났을 때도, 감기에 걸렸을 때도 먹으면 낫는단다. 생열매로도 먹고, 말렸다가 양식이 모자라는 겨울에 아주 요긴하게 먹을 수도 있고 말이야. 블루베리에는 틀림없이 좋은 성분이 많이 들어 있을 거야. 우리가 키우는 크랜베리보다 훨씬 더."

"훨씬 더요? 그렇게나 블루베리가 좋아요?"

"그럼! 그뿐 아니라 바구니나 천에 염색을 할 수도 있단다. 색감이 곱지?"

아빠는 보랏빛으로 물든 손을 들여다보았다.

"음, 그러니까 블루베리는 밥도 되고 약도 되고 예쁜 옷도 된다 이거네요."

엘리자베스도 물든 손을 들여다보았다. 아빠는 블루베리 몇 개를 더 따며 말했다.

"블루베리가 더욱 유명해진 것은 죽어 가는 사람을 살려서

란다. 1620년 영국에서 이곳 신대륙을 찾아온 바로 우리 조상님들을 살렸거든."

"우리 조상님들을요? 어떻게요?"

"이곳에 도착한 조상님들은 지칠 대로 지쳤지. 정말 긴 여행이었으니까. 그런데 곧 겨울이 닥쳤단다. 유럽에서는 한 번도 겪어 보지 못한 추위가 몰아쳤지. 배고픔과 병으로 쓰러진 조상님들에게 왐파노아그 원주민들이 블루베리를 나누어 주었단다."

아빠가 추위에 떠는 표정을 지으며 어깨를 움츠렸다.

"음, 그때 왐파노아그 원주민들이 블루베리를 나누어 주지 않았다면 모두 죽을 수밖에 없었겠네요. 그렇다면 우리도 없었을 테고요."

엘리자베스는 고개를 끄덕였다. 이야기를 듣고 보니 블루베리 열매가 더 신기하게 보였다.

"아빠, 당장 이 블루베리 나무를 캐다 우리 농장에 심어요.

그래서 많이 많이 번식시켜요."

"안 돼. 야생이라 옮기면 살지 못하거든. 들판에서만 살았던 나무라 적응을 못 한단다."

아빠가 고개를 저었다. 엘리자베스는 손에 묻은 과즙을 들여다보며 아쉬운 듯 중얼거렸다.

"이 좋은 열매를 몇 사람만 먹을 수 있다니 아쉬워라. 많은 사람이 함께 먹으면 참 좋을 텐데."

"아빠 생각도 그렇단다."

"언젠가 블루베리 나무를 우리 농장으로 데리고 올 거예요."

"그래, 그래. 네가 연구해서 꼭 그렇게 하렴."

아빠는 엘리자베스에게 엄지를 올려 보였다.

엘리자베스는 자라면서 점점 더 농장 일에 관심이 많아졌다. 열여섯 살이 되던 해부터는 크랜베리 수확뿐만 아니라 판매에 대해서도 자세히 알고 싶어 했다. 아빠는 엘리자베스가 정말 농부가 되고 싶어 한다는 것을 알고 뭐든 친절하게 설명

해 주었다. 크랜베리 나무 돌보는 법, 열매 관리하는 법, 또 어떤 통로를 통해 팔아야 하는지도 알려 주었다. 엘리자베스는 꼼꼼하게 공책에 기록하면서 농사짓는 법을 배워 나갔다. 크랜베리 밭의 물 빠짐도 살피고, 부지런히 잡초도 뽑고 열매 하나하나를 보살폈다.

그러면서도 항상 즐겁게 콧노래를 불렀다. 아빠는 그런 엘리자베스를 유심히 지켜보았다.

엘리자베스가 성인이 되었을 때 아빠는 농장을 물려주었다. 엘리자베스는 본격적으로 크랜베리 농사를 짓기 시작했다. 하지만 마음속 깊은 곳에서는 블루베리를 하루도 잊어 본 적이 없었다.

그러던 1911년 어느 날이었다. 농무부에 근무하는 프레더릭 코빌 박사가 쓴 논문을 읽던 엘리자베스는 자기도 모르게 자리에서 벌떡 일어났다.

"들에 있는 블루베리를 개량해 농장에서 키울 수 있다고?"

엘리자베스는 가슴이 쿵쾅거렸다. 어린 시절부터 마음속에 품었던 꿈이 단번에 이루어진 것 같았다. 엘리자베스는 논문을 몇 번이나 읽었다. 블루베리는 다른 과일보다 훨씬 더 좋은

성분이 많이 들어 있다고 씌어 있었다. 아빠가 이야기해 주었던 '신이 원주민들에게 내린 선물'이라는 이야기도 있었다.

"드디어 기회가 왔어."

엘리자베스는 무릎을 쳤다. 그리고 당장에 편지를 써 내려갔다.

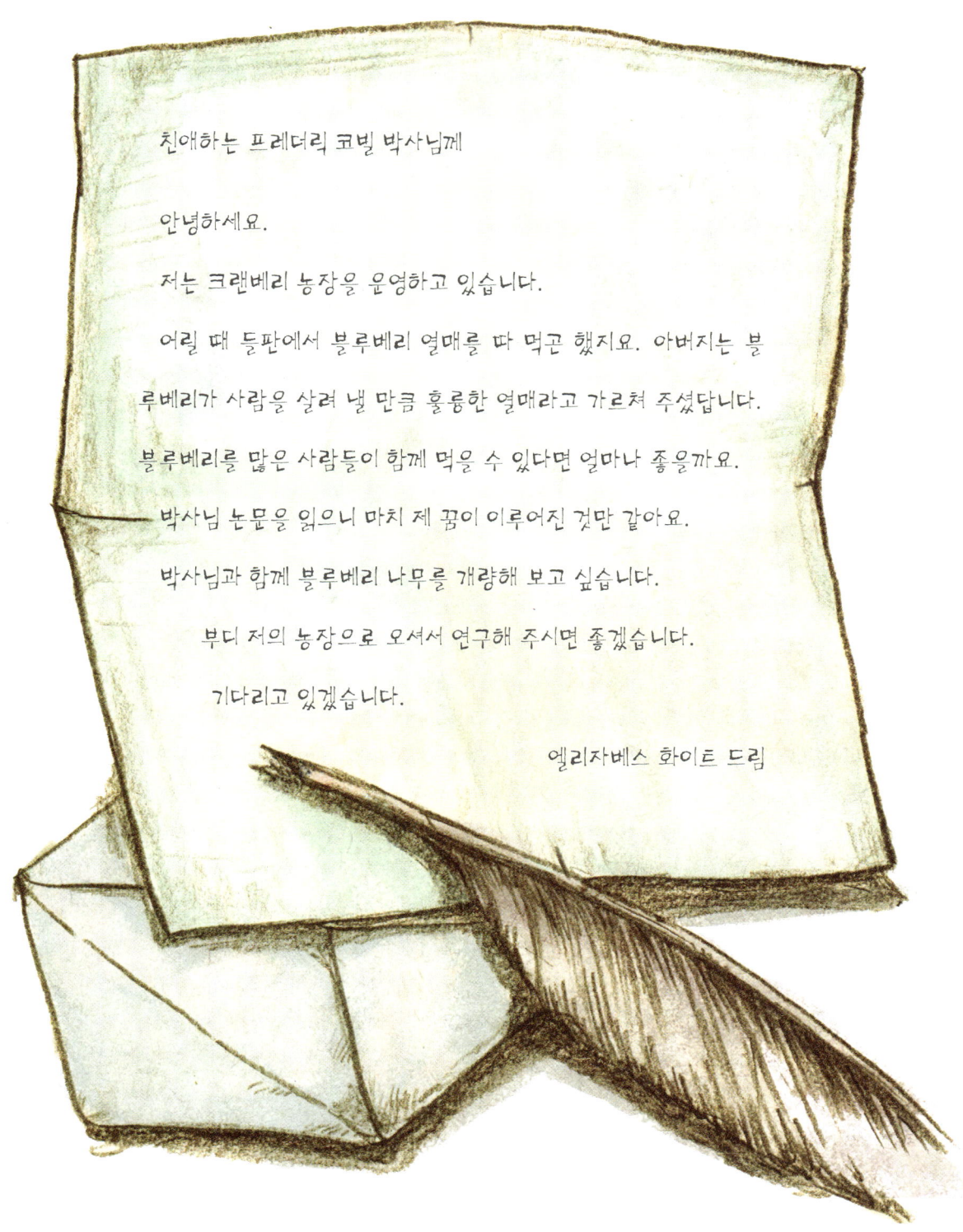

얼마 후 코빌 박사가 엘리자베스 농장으로 왔다. 코빌 박사도 마침 블루베리 나무를 깊이 연구하고 싶었던 터여서 망설이지 않았다.

"이곳에서 마음껏 연구하세요. 저도 힘껏 돕겠습니다."

엘리자베스는 코빌 박사에게 시원스럽게 말했다.

코빌 박사와 엘리자베스는 힘을 합쳐 함께 블루베리 나무를 연구했다. 우선, 들과 숲에서 좋은 열매가 열린 블루베리 나무를 찾기로 했다. 엘리자베스는 일꾼들과 함께 나섰다.

"알이 탱글탱글한 게 좋아요. 달면서도 적당히 신맛이 나야 하고요. 과즙이 많고 은은한 향이 있어야 해요. 한 나무에 달린 열매 크기가 고른 것이면 더 좋죠."

하지만 그런 나무를 찾기란 쉽지 않았다.

"틀림없이 괜찮은 나무가 있을 거예요."

엘리자베스는 보물을 찾듯 꼼꼼하게 들판을 살폈다. 어떻게든 좋은 품종을 개량하기 위해서였다. 찾아낸 나무에는 붉은

끈을 묶었고, 주변 위치를 알기 쉽게 기록했다.

다음 해 봄, 코빌 박사는 엘리자베스가 찾아낸 여러 나무들의 꽃을 교차 수정했다. 그리고 튼실한 씨앗을 얻어 냈다.

씨앗은 싹을 틔워 쑥쑥 자랐다.

"햐, 이대로라면 성공이에요."

코빌 박사는 자신감이 넘쳤다.

"그러게요. 드디어 우리가 해내겠군요."

엘리자베스도 가슴이 벅차올랐다. 하지만 얼마 후 잘 자라던 묘목에 문제가 생기기 시작했다. 푸른 잎이 자꾸 누렇게 변해 떨어졌다. 결국 묘목이 말라 죽고 말았다.

다음 해에도, 또 다음 해에도 실패를 거듭하자 코빌 박사가 말했다.

"엘리자베스, 미안합니다. 더는 어려울 것 같습니다."

"쉽지 않으리라 여겼지만 결국 실패군요."

엘리자베스도 고개를 떨어뜨렸다.

"짐을 꾸리겠소."

코빌 박사가 힘없이 말했다.

엘리자베스는 들판으로 걸어 나갔다. 아버지와 함께 따 먹던 블루베리 나무들은 여전히 그 자리에 있었다. 엘리자베스는 걸음을 멈추고 아버지를 떠올렸다. '네가 연구해서 꼭 그렇게 하렴.' 아버지 목소리가 계속 귓가에 들려왔다. 엘리자베스는 걸음을 돌려 부지런히 집으로 돌아왔다.

"박사님, 다시 짐을 푸세요."

"예? 벌써 몇 번째 실패인데요."

코빌 박사가 주춤거렸다.

"지금까지 쏟아부은 시간과 노력이 아깝잖아요. 더 연구해 봐요. 얼마가 걸리더라도 말이에요."

"그, 그렇지만……."

"박사님, 쌀과 밀이 처음부터 논밭에 자랐을까요? 갖가지

과일나무며 채소 들도 마찬가지죠. 모두 야생에서 개량한 것들이잖아요. 아주 오랜 세월을 거치면서요. 우리도 할 수 있어요. 언젠가 많은 사람들이 블루베리를 먹으며 우리에게 고마워할 거예요."

엘리자베스는 코빌 박사 손을 꼭 잡았다.

"맞습니다. 수십 년, 수백 년 걸려 개량되었겠지요. 제가 성급했습니다."

코빌 박사도 힘을 냈다.

다시 심은 묘목은 쑥쑥 잘도 자라 주었다. 기대했던 대로 가지도, 잎도 튼튼했다. 나무를 들여다보며 코빌 박사가 자신감 있게 말했다.

"이번엔 확실히 예감이 좋아요."

"그동안 토양도, 물 빠짐도 다시 다 점검했으니 좋을 수밖에요. 잘될 거예요."

엘리자베스도 맞장구를 쳤다. 정말 꽃도 예쁘게 피었고, 열매도 탐스럽게 익었다.

그리고 드디어 첫 수확을 하게 되었다. 공동으로 연구를 시작한 지 5년 후인 1916년이었다.

엘리자베스는 코빌 박사에게 공을 돌렸다.

"끝까지 연구해 준 박사님 덕분이에요."

"무슨 말씀을요. 엘리자베스야말로 진정한 원예학자입니다."

코빌 박사도 엘리자베스를 칭찬했다.

"참, 잊은 게 있었네요. 이 나무를 처음 발견한 원주민들에게 감사하는 것을요."

엘리자베스는 눈을 감고 두 손을 모았다.

더 알아볼까요?

🇺🇸 미국

미국의 공식 이름은 미합중국이야. 50개의 주와 특별구 1개로 이루어진 연방제 공화국이지. 북쪽으로는 캐나다, 남쪽으로는 멕시코와 국경을 마주하고 있단다. 세계 최고 다민족, 다문화 국가지. 미국은 독립전쟁, 남북전쟁 이후 산업화의 성공으로 세계 최대 규모의 경제 대국으로 발전했어. 제1차세계대전과 제2차세계대전을 겪으며 군사 초강국으로도 우뚝 섰지.

푸른 딸기, 블루베리

블루베리는 말 그대로 푸른빛 딸기 종류야. 색깔과 모양을 보면 오히려 딸기보다는 포도 쪽에 가깝다고 할 수 있지. 북아메리카가 원산지로, 미국 원주민들이 식용과 약용(노화, 치매 예방, 당뇨병 치료, 시력 향상, 혈액 청결 등)으로 썼대. 블루베리는 안토시아닌과 비타민 그리고 칼륨, 칼슘, 인 등 무기질이 많이 들어 있는 좋은 식품이야. 특히 안토시아닌과 비타민A는 눈을 좋게 하는 것으로 잘 알려져 있지. 암을 예방하고, 심장과 혈관을 튼튼하게 한단다. 또 기억력을 높여 주고, 치매를 예방하며 뼈를 좋게 해 준대. 뿐만 아니라 다이어트에도 도움을 주고 탄력 있는 피부로 가꾸어 준다고 해.

블루베리의 어머니, 엘리자베스 화이트

우리나라는 미국 블루베리 주요 수입국이야. 오늘날 우리가 맛있는 블루베리를 먹을 수 있게 된 것은 블루베리 나무를 개량한 엘리자베스와 코빌 박사 덕분이란다. 엘리자베스는 개량한 블루베리 나무를 뉴저지 주 농가에 심게 했어. 덕분에 농가들이 많은 수입을 얻어 뉴저지 주 경제를 살리는 데 한몫했지. 엘리자베스는 뉴저지 협동조합 블루베리 협회를 창립하는 데 큰 도움을 주었어. 미국 크랜베리 협회의 첫 여성 회원으로 활동했고, 미국 농무부로부터 상을 받은 최초의 여성이 되었단다.

▲ 엘리자베스 화이트와 함께 블루베리 나무 개량을 성공시킨 '프레더릭 코빌'(1867~1937) 박사야. 블루베리 외에도 다양한 식물 연구를 통해 미국 식물학 발전에 크게 기여한 학자야.

블루베리를 처음 알려 준 미국 원주민들은 어떻게 되었을까?

처음 미국 땅에 온 백인들은 원주민들 덕분에 살 수 있었지. 블루베리를 나누어 주었고, 농사짓는 법 등을 가르쳐 주었거든. 하지만 미국이라는 거대한 나라가 탄생되면서 인디언들은 땅을 빼앗기고 말았어. 격렬하게 저항했지만 강력한 군대에 당할 수 없었단다. 수많은 원주민이 전쟁과 전염병으로 죽어 갔어. 겨우 살아남은 자들도 더는 버틸 수가 없었지. 버펄로가 백인들에 의해 멸종 위기에 몰렸기 때문이야. 원주민들은 버펄로 고기를 먹고, 버펄로 털로 옷을 해 입고, 가죽으로 집을 짓고 살았거든. 어쩔 수 없이 원주민들은 자기들의 땅을 빼앗긴

채 미국이 정해 준 원주민 거주 지역으로 물러나야 했어.
2010년에 미국 정부는 원주민을 탄압하고 강제 이주시킨 점을 사과했다지. 하지만 그 상처가 과연 깨끗이 치유될 수 있을까?

우리나라와 블루베리

블루베리 나무가 우리나라에 처음 들어온 것은 1965년이래. 하지만 블루베리 재배 기술을 잘 몰라 농사를 망치는 일이 많았대. 그 후, 2004년이 되어서야 농촌진흥청에서 본격적으로 연구를 시작했어. 블루베리 나무가 잘 자라려면 물 빠짐이 좋고, 산성도가 있는 땅이어야 한대. 수확하는 일도 무척 까다롭단다. 무르기 쉬운 열매를 딸 때는 비가 오는 날을 피해야 하고, 저온에서 보관해야 하지. 요즘은 우리나라에 알맞은 품종을 개발하여 재배하는 농가가 점점 늘어나고 있단다.

블루베리 핫케이크

재료 : 핫케이크 가루 1-2컵, 계란 2개, 우유 1컵, 블루베리(콤포트)

1. 오목한 그릇에 우유와 계란을 넣고 거품기로 잘 풀어 준다.
2. 핫케이크 가루를 넣어(걸쭉하게 되도록 양을 조절하면서) 거품기로 다시 젓는다.
3. 가열된 팬에 기름을 두르고 반죽을 동그랗게 떠 놓는다.
4. 앞, 뒤로 노릇노릇 구워 낸다.
5. 핫케이크를 접시에 놓고 블루베리(콤포트)를 얹어 내놓는다.

블루베리 콤포트

1. 블루베리 300g/설탕 100g을 함께 넣고 푹 끓인다.
2. 블루베리 콤포트를 만들어 놓으면 빵에 발라 먹기에 좋다.

은혜 갚은 카망베르 치즈

치즈와 프랑스

"이곳 카망베르는 좋은 풀이 많이 자란다고 들었습니다.
소들이 그 풀을 먹어선지 우유 맛이 아주 좋더군요.
틀림없이 좋은 치즈가 만들어질 거예요."

소피는 천천히 지하실로 내려갔다. 조심조심 걷는데도 낡은 계단이 큰 소리로 삐꺽거렸다. 소피가 작은 문 앞에서 노크를 하자 안에서 장 신부님이 문을 열었다. 소피는 우유와 시큼한 맛을 내는 메마른 치즈를 내밀었다.

"엄마가 죄송하대요. 먹을 거라곤 이것밖에 없어서요."

"아니다. 숨겨 주시는 것만으로도 감사하지."

먹을 걸 받으며 신부님이 말했다. 소피는 방으로 들어섰다. 내려오기 전 엄마가 단단히 일렀다. 먹을 것만 들이밀고 올라오지 말고 신부님이 다 드시는 동안 말동무도 하고, 빈 그릇도

들고 오라며.

　신부님은 며칠 전 밤, 소피네 집 문을 두드렸다. 엄마는 잠시 망설였지만 신부님을 지하실에 숨겨 주었다. 그리고 소피에게 이렇게 말했다.

　"요즘 우리 프랑스에 혁명이 일어난 거 너도 알지? 백성들을 잘살게 해 주겠다며 공화국을 세우더니 혁명 정신은 어디로 가고 자기들 이익만 챙기지 뭐니. 사제들이 비난하고 나서자 공화국은 사제들에게 충성 맹세를 하라 윽박지르고, 뜻을 따르지 않은 사제들은 처형시키거나 감옥에 가두고 있어. 신부님도 그래서 도망 중일 거야. 독실한 가톨릭 신자인 우리가 지켜 드려야겠지?"

　소피는 엄마 뜻을 충분히 알아들었다.

　"소피, 지난번에 위에서 큰 소리가 들리던데 무슨 일 있었니?"

　신부님이 우유 한 모금을 마시며 말했다.

"제가 새 옷 사 달라고 떼를 썼거든요."

"그랬구나."

"제 친구 티에리는 정말 예쁜 옷을 샀거든요. 리본이 꼭 나비 같고요. 주름도 얼마나 잘 잡혔는지 몰라요. 하지만 우린 가난하대요. 있는 거라곤 젖소 두 마리하고 낡은 이 집밖에 없대요. 아빠 돌아오실 때까지 꿈도 꾸지 말래요. 아휴, 그런데 이렇게 소식도 없는 아빠가 언제 오시겠어요."

묻지도 않았는데 소피는 거미 꽁무니에서 거미줄 나오듯 줄줄줄 말했다.

혁명 때문에 나라가 너무 혼란해졌고, 공장도, 농장도 속속 문을 닫았다. 소피네 농장도 망하고 말았다. 할 수 없이 아빠는 도시로 돈을 벌러 나갔다. 그래서 집 여기저기서 비가 새고, 문짝은 바람에 덜컹거렸지만 손보지 못하고 있었다. 집은 그렇다 쳐도 먹을 것조차 모자랐다.

"그래. 살림도 어려운데 나까지 입을 보탰구나."

신부님이 조용히 중얼거렸다. 소피는 얼른 입에 손을 댔다. 쓸데없는 말 늘어놓지 말라는 엄마 말이 그제야 떠올랐다.

"다 드셨으면 올라갈게요."

소피는 서둘러 그릇을 챙겼다.

"소피, 그동안 생각해 봤는데 나도 은혜를 갚아야 하지 않을까? 그래서 말인데 나랑 치즈를 만들어 보지 않을래?"

신부님이 불쑥 말을 꺼냈다. 소피는 얼굴을 찡그렸다.

"으, 치즈라고요?"

"방금 먹은 치즈 말고. 아주 특별하고 맛있는 치즈를 만들어야지."

의아해 하는 소피에게 신부님은 천천히 설명해 주었다.

"치즈는 영양가도 높고 오래 보관할 수 있으니 이보다 더 좋은 음식은 없지. 네 말처럼 맛이 없는 게 흠이지만 맛있게 만들 수도 있거든."

신부님은 소피에게 가까이 오라고 손짓했다. 그리고 소피

귀에 대고 속삭였다. 소피 입이 함박만 하게 커져 갔다. 소피는 당장에 엄마를 지하실로 데리고 왔다. 신부님이 엄마에게 말했다.

"제가 브리 지방 수도원에 있었잖습니까. 수도원에는 브리 치즈 만드는 비법이 전해 내려오고 있지요. 아주 맛이 좋은 치즈인데 저는 그보다 더 괜찮은 치즈 만드는 법을 연구해 놓았답니다. 이곳 카망베르는 좋은 풀이 많이 자란다고 들었습니다. 소들이 그 풀을 먹어선지 우유 맛이 아주 좋더군요. 틀림없이 좋은 치즈가 만들어질 거예요. 그러면 시장에 내다 파는 거지요."

"그러니까 치즈를 만들어 시장에 팔자는 말씀인가요?"

엄마는 미덥지 않은 표정을 지었다. 소피가 팔을 걷어붙이는 시늉을 했다.

"엄마, 한번 해 봐요. 저도 도울게요."

소피는 마음이 부풀었다. 만약 시장에 내다 팔 수만 있다면 새 옷을 살 수도 있고, 막 구운 촉촉하고 고소한 빵도 살 수 있을 것이다. 장사가 잘되면 아빠가 집으로 돌아오게 될 것이다.

"모두들 살기 어려운데 아무리 맛이 있다 해도 팔릴지……."

엄마는 여전히 못 미더워 했다.

"엄마, 안 팔리면 우리가 맛있는 치즈를 먹을 수 있잖아요."

"맞습니다. 손해날 게 없죠. 제게 은혜 갚을 기회를 주십시오."

신부님도 거들었다.

"한번 해 보죠."

엄마가 소피와 신부님을 번갈아 보더니 고개를 끄덕였다.

치즈는 신부님이 머무는 방 옆 창고에서 만들기로 했다. 엄마는 신부님이 말한 준비물들을 다 챙겼다.

신부님은 배양된 걸쭉한 우유를 휘휘 저었다. 지켜보는 소피에게 신부님이 말했다.

"이제 두 시간 후에 효소를 넣고 또 두 시간을 기다려야 한단다."

"그럼 덩어리가 생기겠군요."

엄마가 옆에서 말했다.

"그렇습니다. 그 덩어리를 여기 이 틀에 대여섯 번 부어 주면서 응고를 시켜야지요."

신부님이 준비된 원통형 나무그릇 틀을 가리켰다.

이윽고 응고된 덩어리를 소금물에 담갔다. 소금물에 담글 때는 특히 염도 20퍼센트를 잘 지켜야 한다고 했다. 약 한 시간 정도 후에 덩어리를 건져 냈다. 신부님은 덩어리를 줄 맞춰 놓았다.

다음 날, 물이 잘 빠지자 신부님은 효모를 뿌렸다.

"이 상태로 2~3주 동안 숙성시켜야 하지요."

"아휴, 당장에 보고 싶은데."

소피가 혼잣말처럼 중얼거렸다.

"치즈는 아기 다루듯 해야 한단다. 까딱 잘못하면 숙성이 안 되어서 흰 우유가 줄줄 흘러나오기도 하고, 원하지 않은 곰팡이가 펴서 못 먹게 되기도 하지."

신부님이 조심스럽게 말했다.

아니나 다를까 첫 번째는 실패로 끝났다. 신부님은 치즈 덩어리를 들고 한참 들여다보았다.

"너무 무르고 암모니아 냄새가 심하네요."

엄마가 냄새를 맡으며 얼굴을 찡그렸다.

"으!"

소피도 코를 쥐었다. 어찌나 고약한지 머리가 아파 왔다.

그때 문 두드리는 소리가 지하실까지 들려왔다.

쾅쾅쾅쾅쾅!

"문 여시오!"

"경찰이 틀림없어."

엄마가 떨리는 목소리로 말을 이었다.

"신부님은 방에 있는 옷장 뒤로 가세요. 소피 넌 문 열고, 엄마는 치즈를 만들고 있다고 해. 그러면 엄마가 이 치즈를 들고 계단을 올라갈 거야. 그다음은 엄마가 알아서 할게."

신부님이 피하자, 엄마는 냄새가 고약한 치즈 덩어리를 집어 들었다. 소피는 떨리는 발걸음으로 계단을 올라갔다. 소피가 문을 열자 경찰들이 눈을 부라리며 물었다.

"어른은?"

"엄마는 치즈를 만들고 있어요."

소피는 떨렸지만 또박또박 말했다. 잘못하면 신부님이 잡혀갈지도 몰랐기 때문에 정신을 바짝 차렸다. 엄마가 계단을 올라오며 침착하게 물었다.

"무슨 일이신지요?"

"이 마을에 죄를 지은 신부가 숨어들어서 집집마다 찾는 중이오. 집을 좀 뒤져야겠소."

"우리 집엔 아무도 오지 않았어요. 보시다시피 전 치즈를 만들고 있었고요. 그런데 이렇게 상했네요."

엄마가 상한 치즈를 내밀었다.

"으, 고약한 냄새! 치우시오."

경찰들이 두 손을 흔들었다. 경찰들은 방과 부엌, 거실만 둘러보고 집을 나갔다.

"아이쿠, 냄새가 정말 고약하네."

밖에서 경찰들이 말하는 소리가 들렸다. 거실 귀퉁이에 얼음처럼 서 있던 소피는 푸 하고 숨을 내쉬었다. 엄마는 소피에게 문을 단단히 잠그라고 눈짓했다. 엄마와 소피가 지하실로 내려가니 신부님이 꾸벅 절을 했다.

"두 모녀 덕분에 제가 또 한 번 살았습니다."

"우리 덕분이 아니라 이 상한 치즈 덕분이죠."

엄마가 활짝 웃었다. 신부님은 상한 치즈를 들여다보며 말했다.

"아무래도 숙성 온도가 맞지 않았나 봅니다."

"실패해 보는 것도 나쁘지 않아요. 그래야 무엇이 잘못됐는지 알 수 있죠."

엄마는 신부님을 응원했다. 소피도 엄마 옆에서 고개를 끄덕였다.

두 번째는 더 조심스럽게 일이 진행되었다. 드디어 숙성시킨 지 3주 후에 겉이 온통 곰팡이로 뒤덮인 치즈가 탄생되었다. 칼로 자르니 묽은 잼처럼 속살이 흘러나왔다.

"소피, 성공한 것 같구나. 맛 좀 볼래?"

신부님은 빵에 치즈를 발라 소피에게 건넸다. 받아먹는 소피 얼굴이 찡그려졌다. 신부님과 엄마가 걱정스러운 얼굴로 바라보았다. 소피는 다시 얼굴을 환하게 바꾸었다.

"와, 입에서 사르르 녹네요."

엄마도 입에 넣어 보았다.

"어찌 보면 향긋한 흙냄새 같기도 하고 신선한 버섯 냄새가 나는 것도 같아요."

"이 치즈는 몇 달씩 두고 먹을 순 없지만 이 독특한 맛은 어떤 치즈도 따라올 수 없죠."

신부님도 흐뭇해했다. 소피가 소리쳤다.

"당장 시장에 내다 팔아요, 엄마."

하지만 엄마는 고개를 저었다.

"먼저, 이웃들에게 맛을 보여 주자꾸나. 사람들 생각은 어떨지."

소피는 치즈를 들고 이웃집으로 갔다. 이웃들의 반응은 모두 좋았다.

"이런 치즈는 처음 보네."

"맛이 아주 독특해. 이건 시장에 내다 팔아도 좋겠는걸."

며칠 후, 소피는 엄마를 따라 시장에 나갔다. 과연 사람들이 치즈를 살지 궁금했다. 한동안 나라가 뒤숭숭해서 시장에 사람이 많이 줄었다더니 지금은 다시 북적이고 있었다. 엄마는 이리저리 둘러보다가 사람들이 많이 지나다니는 모퉁이를 가리켰다.

"여기가 목이 좋아 보이지?"

소피는 얼른 가지고 온 자리를 깔고 치즈를 꺼내 놓았다. 하지만 사람들은 힐끗 보기만 할 뿐 다가오지 않았다. 한나절이 지나도록 누구도 사지 않았다.

"엄마, 우선 맛을 좀 보여 줘요. 이웃들도 먹어 보고 맛있다 했잖아요."

"그럴까?"

엄마는 지나가는 사람들을 향해 소리쳤다.

"새로운 치즈예요. 맛보고 가세요."

드디어 몇 사람이 다가와서 맛을 보았다. 하지만 모두 맛만 보고 갔다. 그러다 한 아주머니가 맛있다며 첫 손님이 되었다. 조금 후에 그 아주머니를 아는 사람들이 와서 또 샀다. 몇몇이 모여 있으니 무슨 일인가 하며 사람들이 다가왔다.

"정말 신선한 우유로 만들었다는 느낌이 들어요."

"맛도 부드럽고 향도 좋은데요. 꾀꼬리버섯 맛이 나기도 하고요."

사람들은 독특한 맛을 칭찬했다. 얼마 안 가 치즈가 동났다.

"또 오나요?"

미처 사지 못한 사람들이 물었다.

"오죠. 또 옵니다."

엄마는 싱글벙글하며 손님들과 약속을 했다.

"엄마, 오늘만 같으면 내 새 옷도 살 수 있겠죠?"

"그럼, 그런데 오늘은 맛있는 빵부터 사자."

엄마는 소피 손을 잡고 빵 가게로 향했다.

"엄마, 신부님이 정말 은혜를 갚았네요."

"쉿, 말하면 안 돼. 아직 더 숨어 계셔야 하니까."

엄마가 입에 손가락을 댔다. 소피도 고개를 끄덕였다.

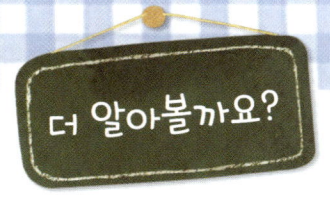

🇫🇷 프랑스

유럽 대륙의 서쪽에 위치하고 있는 프랑스는 삼면은 바다, 삼면은 산지로 둘러싸여 있어. 예술과 문화의 나라라고 불릴 만큼 예술을 사랑하고 문화를 소중히 여긴단다. 모국어에 대한 애정도 각별하기로 유명하지. 또 프랑스 하면 음식을 빼놓고는 말할 수 없을 거야. 특히 와인과 치즈를 좋아하는데, 물 대신 와인을 마시고, 간식으로 치즈를 즐겨 먹는단다. 수도는 에펠탑이 있는 파리야. 유럽 교통 중심지에 있는 파리는 프랑스뿐만 아니라 유럽의 정치, 경제, 문화의 중심 역할을 하고 있단다.

▲ 프랑스의 수도 파리에 세워진 '에펠탑'은 건축 당시 파리의 우아함을 헤치는 철골 덩어리에 지나지 않는다며 많은 이들의 비난을 받고 철거 위기에 처해지기까지 했었어. 하지만 이제는 프랑스를 넘어 유럽의 상징으로 자리 잡았지.

치즈는 어떻게 만들까?

치즈를 동물의 젖으로 만든다는 것 알고 있지? 우리가 먹는 대부분의 치즈는 소의 젖, 우유로 만든 것들이란다. 단백질, 칼슘, 비타민(A, D, E, K, B)과 몸에 좋은 미네랄 성분 등이 농축되어 있어. 영양분이 우유보다 열 배가량 많이 들어 있단다.

치즈가 언제, 어디서, 어떻게 만들어지기 시작했는지 확실하지 않아. 다만 기원전 약 10000년 무렵 중앙아시아 유목민들에 의해서가 아닐까 추측한단다. 아침에 짜 둔 동물 젖이 시간이 지나면서 덩어리가 되고 쉰 냄새가 났겠지. 아까워서 버릴 수 없어 먹어 보았는데 탈이 나지 않아 먹기 시작했을 거야. 또 약 4천 년 전에 아라비아 상인 '카나나'가 양의 위로 만든 주머니에 넣어 둔 염소젖이 응고된 것을 발견해서 치즈로 발전했다는 말도 있어.

근대에 들어서면서 기계와 학문의 발달, 냉장고의 발명, 파스퇴르의 저온살균법 등으로 대량생산 할 수 있게 되었지. 현재 치즈의 종류는 수백 가지가 넘는단다.

 ## 카망베르 치즈 이야기

카망베르 치즈 이야기를 하려면 프랑스 대혁명(1789-1794)을 빼놓을 수 없단다. 프랑스 대혁명은 부패한 루이 16세(부르봉 왕조)를 무너뜨리고 국민의회를 통해 공화제도를 만든 시민혁명이지. 하지만 새 공화국은 뜻이 다른 농민들과 사제들을 탄압했어. 사제들은 새 공화국에 충성 맹세를 해야 살아남을 수 있었단다.

이때 노르망디 지방 카망베르 마을에 마리 아렐이라는 여인이 살고 있었어. 마

▲ 프랑스 노르망디 주에 위치해 있는 카망베르 마을의 입구야. 카망베르 치즈가 처음으로 만들어진 곳이 바로 이곳 카망베르 마을이기 때문에 치즈에 카망베르라는 이름이 붙여진 것이지. 프랑스에서 가장 아름다운 마을로 꼽히는 곳이기도 해.

리 아렐의 집에는 장 봉부스트라는 신부가 탄압을 피해 숨어 지내고 있었지. 수도원에서 치즈 만드는 법을 익혔던 장 신부는 마리 아렐과 함께 치즈를 만들었어. 그 치즈가 바로 카망베르 치즈라고 전해져 오고 있지. 마리 아렐이 시장에 내다 팔면서 카망베르 치즈가 알려지기 시작했단다. 하지만 16세기에 이미 카망베르 치즈가 있었다는 주장도 있어.

현재 카망베르 마을에는 치즈 박물관이 있어. 카망베르 치즈에 관련된 비디오를 보거나 맛을 볼 수도 있지. 카망베르 마을 부근 '비무티에'라는 곳에는 마리 아렐의 동상이 세워져 있단다.

우리나라와 치즈

우리나라는 언제부터 치즈를 먹었을까? 치즈에 관련된 기록은 찾을 수 없지만 『삼국유사』, 『고려사』, 『조선왕조실록』 등에 우유에 관한 이야기가 나온단다.

우리나라에서 처음 치즈를 만든 것은 1966년 전라북도 임실에서였어. 로마 가톨릭 선교사 지정환(본명 디디에 세스테벤스) 신부가 앞장섰지. 직접 프랑스로 가서 치즈 제조 기술을 배워 오기도 했대. 1970년 드디어 유통기한이 길고 단단한 체더 치즈를 만들게 되었고 최근에는 임실에 치즈 마을이 조성되면서 직접 치즈를 만들어 보고자 하는 많은 관광객들이 임실을 찾고 있단다.

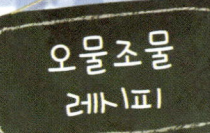

오물조물 레시피

치즈 계란찜

재료 : 계란 3개, 다시마 조각, 카망베르 치즈 35g, 소금, 대파, 당근

1. 물 2컵에 다시마 조각을 넣고 15분쯤 끓여 식혀 놓는다.
2. 거품기로 계란을 풀어 놓는다.
3. ①과 ②를 1:1로 섞어 소금 간을 하며 젓는다.
4. 카망베르 치즈를 깍두기처럼 자른다.
5. ③과 ④를 함께 냄비에 담고 약한 불로 끓인다.
6. 대파와 당근을 얇게 썬다.
7. ⑤가 중간쯤 익었을 때 썰어 둔 대파와 당근을 얹는다.

토마토를 던져라

토마토와 스페인

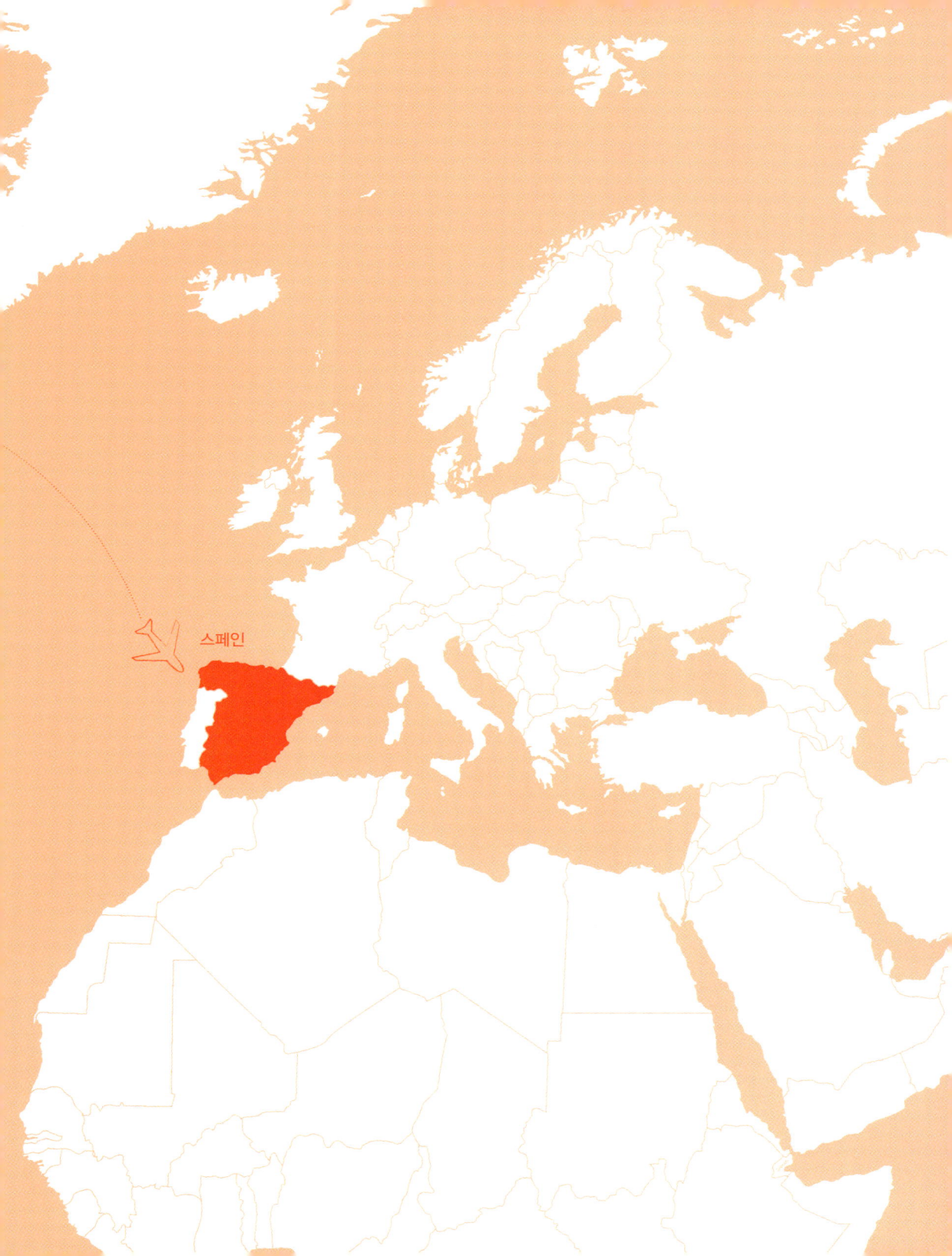

 "금세 광장은 물론 골목마다 토마토 범벅이 되었다.
토마토즙이 붉은 강물처럼 흘러내렸다."

"자, 소시지와 토마토를 빵 속에 잘 끼워 넣어라. 이렇게."

할아버지가 시범을 보였다. 호세는 할아버지를 따라 하며 중얼거렸다.

"아, 나도 토마토 실컷 던지며 놀고 싶은데……."

"호세, 텔레비전에서 토마토 축제 봤지? 굉장히 과격하지 않던? 노인이나 어린이는 다칠 수 있어서 아예 법으로 금지해 놨단다."

할아버지가 고개를 저었다. 하긴 텔레비전에서 보니 사람들이 마치 싸움이라도 하는 것 같았다. 환호성을 지르며 밀물처럼 밀려드는 사람들, 사방으로 날아드는 토마토, 길도 무척이나 미끄러워 보였다.

"하지만 전 이렇게 날렵한데요? 열한 살이지만 어른 같지 않아요?"

호세가 몸을 이리저리 움직였다.

"호세, 우리도 그냥 구경만 하는 게 아니야. 이렇게 햄버거를 만들어 나눠 주고, 물도 뿌릴 거잖니."

할아버지가 빙그레 웃었다.

"그거로도 양이 안 차죠. 아, 빨리 어른이 되어야지."

호세는 빵과 햄을 든 채로 두 팔을 불끈 올렸다. 그 바람에 빵 사이에 끼웠던 토마토가 바닥으로 떨어졌다. 할아버지가 토마토를 주우며 말했다.

"에그, 알았다. 알았어. 얼른 크거라."

호세는 다시 햄버거를 만들며 말했다.

"그런데 왜 공짜로 햄버거를 나눠 주려고 해요?"

"축제를 찾아오는 사람들이 고마워서지."

"뭐가 고마워요?"

"우리 마을 토마토 축제에 와 주니 고맙지. 덕분에 지도에 어디 붙어 있는지도 모를 부뇰이 세계적으로 유명해졌잖니."

"유명해지면 뭐가 좋아요?"

호세는 고개를 갸웃거렸다.

"우리 부뇰 덕분에 사람들이 몸에 좋은 토마토를 많이 먹게 되었으니 얼마나 좋아. 또 부뇰뿐 아니라 다른 지역 토마토도 잘 팔리게 되었거든. 무엇보다 관광객이 많아져 우리 부뇰이 더 잘살게 되었고, 덕분에 너도 이렇게 구경 왔잖니."

할아버지가 활짝 웃으며 대답했다. 호세도 찡그렸던 얼굴을 풀었다. 할아버지 말대로 덕분에 토마토 축제를 구경하게 된 것은 사실이기 때문이다. 다행히 방학 중에 축제가 있어서 바르셀로나에서 할아버지 댁이 있는 부뇰에 오게 되었다.

호세는 직접 참여하지 못해 아쉬웠지만 마음이 설렜다. 몇 년 전부터 구경하고 싶었던 축제를 이제야 눈으로 볼 수 있게 되었다. 직접 본 것들을 바르셀로나에 있는 친구들에게 자랑할 수 있는 것만으로도 어깨가 으쓱해졌다. 호세가 무용담처럼 풀어 놓는 이야기를 친구들은 무척 부러워할 테니까.

다 만들어진 햄버거를 할아버지는 조심스럽게 두 개의 바구니에 담았다. 수북하게 담긴 햄버거가 먹음직스러워 보였다.

"자, 이제 발코니로 나가자."

할아버지가 일어섰다. 호세도 발코니로 나갔다. 할아버지 집에서는 푸에블로 광장이 훤히 내려다 보였다.

아직은 사람이 별로 없었다. 비닐로 덮어 꼭꼭 싸맨 벽이며 문이 복잡하고 지저분하게 보였다. 호세도 어제 1층에 있는 할아버지 기념품 가게 문 덮는 일을 도왔다. 2층에 사는 후안 아저씨네는 아예 집을 다 꽁꽁 싸맸다. 토마토로 범벅이 될 테니 미리 대비를 하는 것이었다. 할아버지 집은 3층이라 비닐을 덮지 않아도 되었다.

"곧 사람들이 몰려올 거다. 준비하고 있다가 물을 뿌리렴."

할아버지는 긴 호스를 수도꼭지에 연결했다. 호세는 벌써부터 신났다. 맘껏 물을 뿌리는 일이 축제의 한 부분이라니 신기했다.

"온다, 와."

할아버지가 가리킨 골목길에 사람들이 몰려오고 있었다. 모두들 단단히 준비한 것 같았다. 물안경을 쓰고, 수영복을 입고, 버려도 될 만한 허드레옷을 입기도 했다. 어떤 사람은 가장행렬 때처럼 괴상한 차림을 했다. 똑같은 티셔츠를 맞춰 입은 무리도 보였다. 모두들 신이 난 몸짓이었다.

"와와!"

사람들이 호스를 들고 있는 호세를 보고 환호성을 질렀다.

"이얍!"

호세는 호스를 들어 사람들 머리에 물을 뿌렸다. 사람들은 두 팔을 활짝 펼치고 소리를 지르며 물을 맞았다. 높은 층에 사는 사람들이 여기저기서 물을 뿌렸다. 골목은 금세 물에 젖어 들었다.

　모여든 사람들은 마음껏 물을 맞으며 푸에블로 광장으로 걸어갔다. 푸에블로 광장에는 기름칠한 통나무 기둥이 세워져 있었다. 그 기둥 꼭대기에 햄이 묶여 있었다. 통나무 기둥을 에워싼 사람들이 점점 많아졌다. 사람들은 두 팔을 올리고 펄쩍펄쩍 뛰며 외쳤다. 어깨동무를 하고 통나무를 도는 사람들도 있었다.

"올레 올레!"

"부뇰 부뇰!"

"토마티나! 토마티나! 토마티나!(토마토 축제! 토마토 축제! 토마토 축제!)"

　흥에 흥이 더해져 골목은 점점 더 뜨거워졌다. 사람들의 열기와 소나기처럼 쏟아지는 물줄기로 골목은 아지랑이가 피어오르는 것처럼 부옇게 보였다. 발코니에서 바라보는 풍경이었지만 호세도 덩달아 흥분되었다. 할아버지도 사람들을 따라 팔을 올리고 '토마티나'를 외쳤다. 호세는 호스를 내려놓으며 물었다.

"할아버지, 아직 시작도 안 했는데 대단해요. 토마토는 어디 있고, 언제 던져요?"

"저기 봐라. 저 가운데 통나무에 올라 묶어 놓은 햄을 따면 토마토 트럭이 온단다."

할아버지가 말하자마자 함성이 쏟아졌다.

"와아아아~"

드디어 용감한 전사 같은 젊은 청년들이 미끄러운 통나무를 타고 올라갔다. 청년들은 서로 먼저 올라가겠다고 엎치락뒤치락 안간힘을 썼다. 미끄러지고

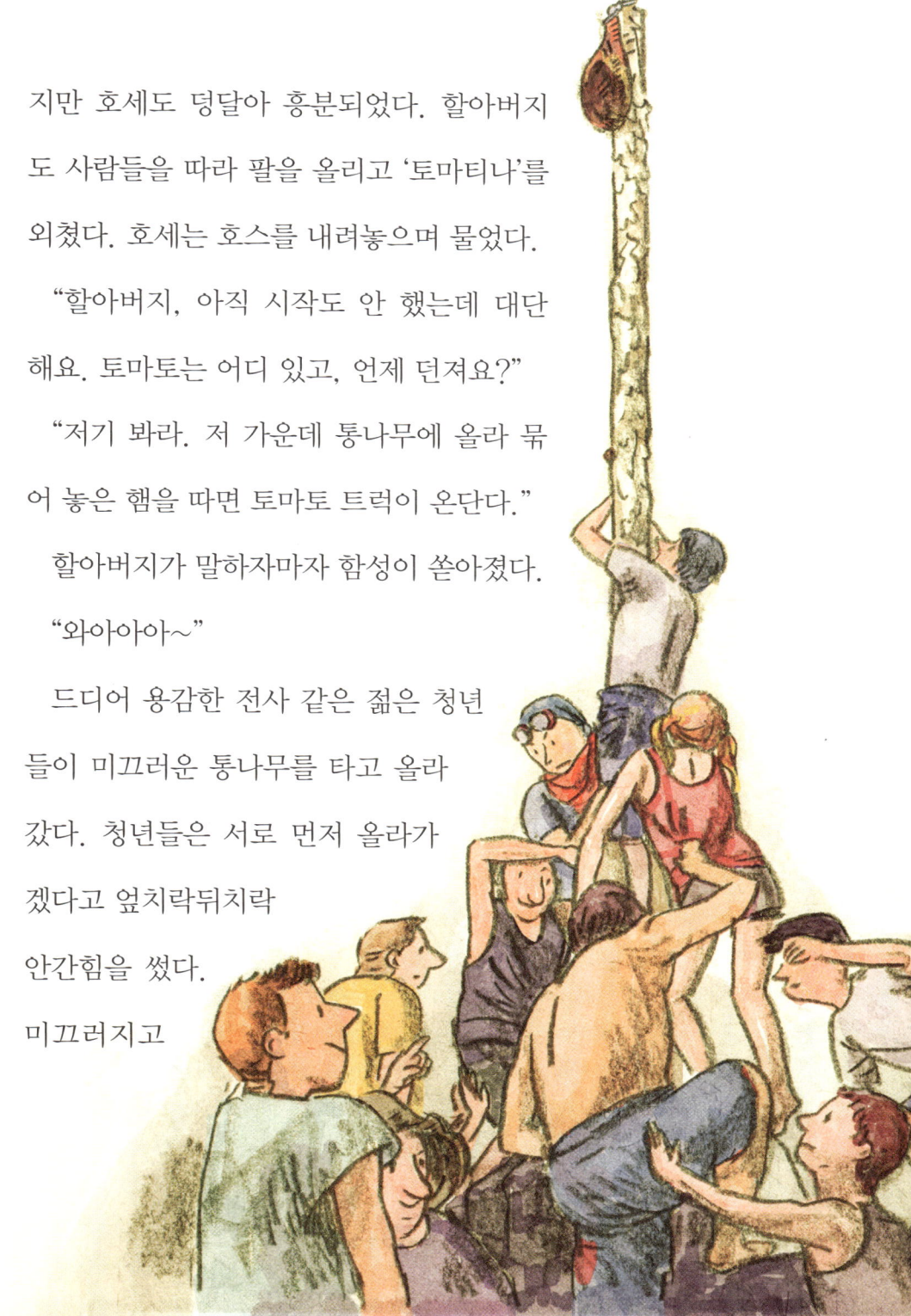

미끄러지면서도 햄을 잡기 위해 오르는 모습을 보니 호세는 손에 땀이 났다. 한 청년이 꼭대기에 다다랐다가 햄을 딸 찰나에 그만 미끄러져 내려오고 말았다. 사람들은 아쉬운 한숨을 쉬었다. 순간을 이용해 다른 청년이 빠르게 올라 햄을 쳐서 떨어뜨렸다.

펑! 펑! 펑!

요란한 대포 소리와 함께 좁은 골목으로 커다란 트럭이 들어왔다. 사람들이 다시 한목소리로 외쳤다.

"토마티나! 토마티나!"

호세도 덩달아 소리치고 있었다.

"토마티나! 토마티나!"

트럭에서 토마토가 쏟아지기 시작했다. 사람들은 열광하며 토마토를 짓이기고 집어던졌다. 누구에게랄 것 없이 닥치는 대로 던졌다. 금세 광장은 물론 골목마다 토마토 범벅이 되었다. 토마토

즙이 붉은 강물처럼 흘러내렸다. 막아 놓고 덮어 놓은 벽이며 창문에도 으깨진 붉은 토마토가 더덕더덕 붙었다.

호세는 언젠가 영화에서 봤던 투우 생각이 났다. 붉은 천을 향해 두 뿔을 세우고 돌진

하는 황소를 보며 두 주먹을 불끈 쥐었었다. 호세는 시끄러운 소음 속에서 소리쳤다.

"할아버지, 황소들이 날뛰는 것 같아요."

"그래, 황소들이지. 황소들. 하하하."

할아버지야말로 흥분한 황소처럼 소리쳤다.

골목은 웃음소리, 외치는 소리로 가득했다. 케첩처럼 뭉근한 토마토는 사람들의 발목보다 높게 차올라 있었다. 아예 토마토 웅덩이에 목욕을 하는 사람들도 보였다. 수영을 하듯 헤엄치는 흉내를 내기도 했다. 사람들은 물에 빠진 생쥐, 아니 토마토에 빠진 생쥐 꼴이었다.

그렇게 한 시간쯤 지나자 다시 대포가 울렸다. 할아버지가 두 손을 엑스 자로 만들며 말했다.

"이제 그만하라는 신호란다. 딱 한 시간만 저렇게 미친 듯이 노는 거지. 하하."

하지만 흥분한 사람들은 좀처럼 그치지 않았다. 호세는 이

해할 것 같았다. 신나게 놀다가 딱 그치기란 쉽지 않다는 것쯤은 알고 있었다. 10분쯤 지나자 성난 황소들이 천천히 순해지기 시작했다.

"호세, 준비해라."

할아버지 신호를 따라 호세는 다시 물을 뿌렸다. 다른 발코니에 있던 사람들도 물을 뿌려 주기 시작했다.

"그라시아스, 그라시아스.(감사합니다, 감사합니다.)"

사람들이 물을 맞으며 몸에 묻은 토마토를 씻어 냈다. 엉덩이를 높이 쳐들며 뿌려 달라는 사람, 두 팔을 벌리며 가슴으로 물을 맞는 사람도 있었다. 어떤 사람은 머리를 들이대기도 했다.

"호세, 이제 우리는 햄버거를 나눠 주러 가자꾸나."

할아버지가 수도를 잠그며 말했다. 호세는 얼른 바구니를 들고 할아버지를 따라나섰다. 초벌 씻기를 마친 사람들이 샤워장으로 가기 전에 먹을 걸 나눠 주려는 것이었다. 호세네 말

고도 마을 사람들 몇몇이 벌써 먹을 것을 나눠 주고 있었다.

"신나게 놀았으니 배도 고프겠지?"

할아버지 말에 호세도 고개를 끄덕였다.

"맛있게 드세요."

호세는 손을 내밀며 오는 사람들에게 햄버거를 나눠 주었다

"그라시아스! 무차스 그라시아스.(감사합니다. 정말 감사합니다.)"

사람들은 허겁지겁 햄버거를 받아먹었다. 할아버지 바구니도 호세 바구니도 순식간에 비어 버렸다. 맛있게 먹으며 좋아하는 사람들을 보니 호세는 마음이 뿌듯했다. 햄버거를 다 먹은 사람들은 몸을 씻기 위해 강과 샤워장으로 갔다.

곧 소방차들이 광장과 골목으로 왔다.

쏴아 쏴아~

소방 호스는 시원하게 물을 뿜었다. 토마토 범벅이 되었던 길바닥이며 벽이 깨끗이 씻겨 나갔다.

호세는 할아버지와 발코니에 서서 골목을 내려다보았다. 이걸 언제 다 씻지 생각했는데 소방차가 말끔하게 해결해 놓았다. 싸맸던 비닐들도 떼어 내니 미친 황소처럼 뛰놀았던, 붉은 토마토 강물이 흘렀던 골목길이 맞는지 의심이 갈 정도였다.

"올해도 축제가 이렇게 마무리되는구나."

할아버지는 뿌듯한 얼굴로 말했다.

"할아버지, 10년쯤 후엔 제가 저 아래 있을 테니 저한테 물을 뿌려 주실 거죠?"

"뿌려 주고말고. 하하."

할아버지가 호탕하게 웃었다. 호세는 축제에 참가한 자신의 모습을 그려 보았다.

더 알아볼까요?

🇪🇸 스페인

지중해성기후인 스페인의 남부와 동부는 1년 내내 따뜻하고 햇살이 뜨겁단다. '태양의 나라'라는 별명답게 여름이면 유럽의 많은 사람들이 스페인으로 와서 휴가를 즐기지. 수도는 마드리드이고, 제2의 도시는 바르셀로나야.

천재 건축가 안토니오 가우디, 화가인 호안 미로, 파블로 피카소, 『돈키호테』를 쓴 작가 세르반테스가 스페인 출신이란다. 레알 마드리드와 FC 바르셀로나는 스페인이 자랑하는 유럽 최고의 축구팀이야.

▲ 스페인 출신의 천재 건축가 안토니 가우디(1852~1926)는 자신의 고향 바르셀로나를 중심으로 독창적인 건축물들을 많이 남겼어. 그중에서도 대표작으로 꼽히는 '사그라다 파밀리아 성당'은 1882년에 착공되어 지금까지도 공사가 진행 중이며, 가우디가 죽은 지 100주년이 되는 2026년에 완공될 예정이라고 해.

🍅 영양 만점 토마토

토마토는 비타민(A, B, C)과 칼륨, 칼슘 등 영양가가 풍부하단다. 다른 채소보다 비타민C 함유량이 매우 높지. 암을 예방하는 리코펜 등 몸에 좋은 물질이 많이 들어 있단다. 특히 토마토는 생으로 먹을 때보다 익혀 먹으면 영양 흡수가 훨씬 좋아진다고 해.

토마토는 과일일까, 채소일까?

토마토를 채소라고 판결한 사건이 있단다. 바로 미국에서 일어난 일이야. 미국은 주마다 토마토를 바라보는 시각이 달랐어. 아칸소 주에서는 어떤 때는 과일, 어떤 때는 채소로 여겨서 혼란이 있었단다. 또 뉴저지 주는 토마토를 과일이라고 했지.

1887년 미국은 관세법을 개정했어. 수입되는 과일은 세금을 면제했고, 채소는 세금을 받기로 한 거야. 토마토가 채소로 분류되자 토마토 수입업자들은 즉각 반발했어. 뉴욕에 사는 과일 수입업자 존 닉스는 뉴욕 세관원인 에드워드 헤든을 상대로 소송을 제기하기에 이르렀지. 토마토에 10퍼센트 관세를 물게 한 것은 잘못됐다고 생각했단다.

소송은 연방 대법원까지 올라갔지. 그리고 1893년 "토마토는 채소다"라고 미국 연방 대법원의 최종 판결이 내려졌어. 토마토가 저녁 식사에는 나오지만 후식으로는 나오지 않는다는 까닭이었다지. 이것이 바로 토마토를 채소로 인정하게 된 '닉스 대 헤든' 사건이란다.

 ## 부뇰 토마토 축제

발렌시아 지방 작은 마을 부뇰은 세계적인 토마토 축제로 유명하단다. 1944년경 토마토 값 폭락에 분노한 농부들이 시의원에게 토마토를 던진 데서 토마토 축제가 시작되었다고 전해지지. 대형 트럭이 사고로 토마토를 쏟으면서 시작되었다는 말도 있어. 또 1945년 부뇰 푸에블로 광장에서 열린 '거인과 큰 머리' 민속 축제 때 청소년들이 과일과 채소를 던지며 장난을 친 데서 시작되었다는 말도 전해 온단다.

매년 8월 마지막 수요일이 되면 마을 중앙에 있는 푸에블로 광장과 그 주변 골목에서 축제가 열리지. 주변 상점들은 축제 전날 가게를 비닐로 덮으며 토마토 파편을 막을 준비를 단단히 한단다.

축제에는 몇 가지 지켜야 할 약속이 있어. 먼저 토마토는 꽉 쥐어 으깨서 던져야 해. 고글과 장갑, 벗겨지지 않는 신발을 신고 유리병 등 위험한 물건을 가지고 있으면 안 돼. 다른 사람의 옷을 잡아당기거나 찢지 않아야 하고 토마토를 싣고 들어오는 트럭과 축제가 끝난 뒤 들어오는 소방차에 길을 내주어야 해.

▲ 스페인 발렌시아 주의 작은 마을 부뇰에서 매년 8월 마지막 주 수요일에 개최되는 토마토 축제는 스페인은 물론 전 세계에서 가장 유명한 축제 중의 하나로 자리 잡았어. 매년 3만 명 이상의 관광객이 참여하고, 축제가 끝나면 모두가 질서정연하게 마을을 청소한다고 하는구나.

우리나라와 토마토

'남만시(南蠻柿)'란 말 들어 봤니? 남쪽에서 넘어온 감이라는 뜻이야. 조선 시대 이수광이 쓴 『지봉유설』이라는 책에 나온 토마토 이름이지. 이 책을 1614년에 펴냈으니 그 이전에 이미 토마토가 있었을 거라 여겨진단다.

『지봉유설』에는 이렇게 쓰여 있어. '남만시는 초시이다. 봄에 나고 가을에 열매를 맺는데, 그 맛이 감과 비슷하다. 본래 남만에서 나왔는데, 근래 한 사신이 중국에서 씨앗을 얻어 왔다. 역시 신기한 과일이다.' '남만시'는 토마토의 한자 이름이야. 우리말로는 일년감이라고도 해.

이렇게 토마토가 우리나라에 들어온 지 400여 년이나 되었어. 하지만 널리 먹기 시작한 것은 1927년경부터래. 1960년대에 미국에서 토마토 가공 식품이 들어오면서부터 일반인들에게 알려졌단다. 그 후 우리나라에서도 토마토를 많이 심고 가꾸게 되었지.

요즘은 우리나라 화천에서도 매년 8월 초 토마토 축제가 열리고 있어. 화천은 모래와 자갈이 많은 땅이라 물이 잘 빠지고, 해발 1천 미터가 되는 화악산, 백운산, 두류산 등으로 둘러싸인 고원 분지라 토마토 재배에 좋은 환경이란다.

오물조물 레시피

토마토 스파게티

재료 : 스파게티 면 한 줌, 잘 익은 토마토 3개, 양파 1/2개, 다진 마늘 약간, 올리브기름, 소금

1. 면 삶을 물을 끓인다.
2. 토마토는 껍질을 벗기고 으깨어 놓는다.
3. 올리브기름을 두르고 잘게 깍둑썰기한 양파와 다진 마늘을 프라이팬에 볶는다.
4. ③에 으깬 토마토를 넣어 함께 볶는다. (소금으로 간을 맞춘다)
5. 끓는 물에 면을 넣고 5분 후에 저어 주면서 4~5분을 더 끓인다.
6. 삶아진 면을 찬물에 헹군 후 물기를 뺀다.
7. 삶은 면을 ④와 함께 프라이팬에 볶는다.

연어와 함께 사는 이텔멘 족

연어와 러시아

 "연어는 하나도 버릴 게 없다는 것 너도 다 알지?
알은 알대로 먹고, 고기는 고기대로 먹고, 또 저장하고,
이 연어 껍질로는 옷도 만들어 입지. 뼈로는 장신구를 만들고."

"이고리, 준비됐니?"

일요일 아침, 아빠가 물었다. 어제부터 아빠는 이고리에게 연어를 잡으러 가자고 했다. 이고리는 대답을 못 하고 엄마를 바라보았다. 엄마가 대신 말했다.

"이고리는 공부해야 해요. 곧 도시 학교에 가야 한다는 것 당신도 알잖아요?"

"하지만 우리 이텔멘족은 연어 잡는 일도 중요해."

아빠 눈가에 도드라진 푸른 핏줄이 살짝 떨렸다. 엄마도 참지 않고 무슨 말인가 하려고 했다. 하지만 이반 외삼촌이 방에

서 나오는 바람에 입을 다물었다.

'세상이 바뀌었어요. 이제 연어잡이보다 공부를 해야 한다고요.'

이고리는 엄마가 이 말을 삼켰을 거라 짐작했다.

'이 오두막에서 이고리가 썩기를 바란단 말이에요? 난 그렇게 못해요.'

어쩌면 이 말까지 했을지도 몰랐다.

"이고리, 외삼촌이랑 연어 잡으러 가야지!"

외삼촌이 오른손을 올렸다. 이고리도 얼른 손을 올려 하이파이브를 했다. 도시에 사는 외삼촌은 해마다 연어 철이 되면 휴가를 왔다. 외삼촌은 언제 봐도 씩씩하고 재미있었다. 이고리도 외삼촌만 보면 왠지 신이 났다. 말수가 적은 아빠가 외삼촌이랑 어렸을 적부터 친구였다는 게 믿어지지 않았다.

외삼촌은 벽에 걸려 있는 외할아버지 사진을 올려다보았다. 외할아버지는 커다란 연어를 들고 활짝 웃고 있었다. 외할아버지는 일찍 부모를 잃은 아빠를 친아들처럼 키웠다고 했다. 외삼촌은 사진을 향해 장난스럽게 말했다.

"아버지, 사위가 이텔멘족 전통을 잘 잇고 있어 다행이죠? 그런데 이고리가 저처럼 도시로 가게 생겼으니 어쩌면 좋아요?"

"그럴 수도 있지 뭘 그래요?"

엄마가 외삼촌을 보며 얼굴을 찡그렸다.

"이고리, 어찌 됐든 나는 네 뜻을 존중할 거야."

외삼촌이 이고리 어깨를 토닥거렸다.

"그래도 외삼촌은 내가 여기 남기를 바라는 거죠?"

이고리 물음에 외삼촌은 빙그레 웃기만 했다. 이고리는 사실 이곳도 그리 나쁘진 않았다. 하지만 도시로 가서 공부하는 일이 더 좋아 보였다. 도시는 너무나 신기한 곳이었다. 외삼촌네 집이 있는 캄차카의 주도 페트로파블롭스크캄차츠키는 건물도 번듯하고 볼거리도 많았다. 도시를 내려다보는 원추형

코랴크스카야 화산과 아바친스카야 화산도 멋졌다.

책에서 보니 모스크바나 상트페테르부르크는 페트로파블롭스크캄차츠키보다 백배 더 발전된 곳이라고 했다. 엄마는 언젠가는 모스크바나 상트페테르부르크로 가서 사는 게 좋겠다고 했다. 이고리는 엄마 말처럼 하고 싶었다.

"아버지, 올해도 매형이 연어를 많이 잡게 해 주세요."

외삼촌이 외할아버지 사진 앞에서 고개를 숙였다. 아빠가 웃으며 말했다.

"아버님은 아마 적당히 잡게 해 주실걸."

"맞아, 맞아. 아버지는 그러실 거야. 아버지는 늘 말씀하셨지. 연어는 자연의 것이라고. 그래서 사람도, 불곰도, 독수리도 그저 먹을 만큼만 먹어야 한다고. 하하."

외삼촌이 촉촉해진 눈을 숨기려고 큰 소리로 웃었다. 그리고 그물과 그릇을 챙기기 시작했다.

"가자!"

외삼촌이 이고리 손을 낚아채듯 잡았다. 뒤이어 아빠도 양동이 등을 챙겨 따라 나왔다. 오두막집에서 그리 멀지 않은 곳에 비스트라야 강이 있다. 물살 빠르기로 유명한 강이다. 강변으로 가는 길엔 조금씩 빛을 잃어 가는 풀무더기들이 보였다. 늦게 피어난 들꽃들은 부지런히 9월 햇살을 받고 있었다.

외삼촌이 하늘을 가리켰다. 독수리가 강물 위를 뱅뱅 돌고 있었다. 그러다 강물로 화살처럼 내리꽂혔다. 하지만 연어를 잡지는 못했다. 외삼촌은 혀를 차며 안타까워했다.

"쯧쯧, 큰 배들이 먼저 연어를 잡아 버리니 독수리가 고생을 하는구만."

이고리는 독수리를 더 자세히 보려고 앞쪽으로 달려갔다. 독수리는 몇 번이나 도전한 후에 결국 연어 한 마리를 낚아채서 솟아올랐다.

"잘했어!"

이고리는 기어이 연어를 움켜쥔 독수리가 대견해서 팔을 높

이 들며 소리쳤다. 그때 뒤쪽에서 아빠가 또박또박 다급한 목소리로 말했다.

"이고리! 그 자리에 서!"

이고리는 그 자리에서 얼음이 되어 버렸다. 불과 10미터쯤 앞에 불곰 한 마리가 우뚝 서서 이고리를 바라보고 있었다. 불곰은 아빠보다 키도 더 크고 덩치는 두 배쯤 되어 보였다. 다시 한 번 아빠 목소리가 들려왔다.

"절대로 움직이면 안 돼."

불곰이 이빨을 드러냈다. 이고리는 두려움에 오줌을 지릴 지경이었다. 온몸에서 땀이 솟았다. 불곰이 마음만 먹으면 당장에 달려와 넘어뜨릴 것 같았다. 이쪽에서 아무 움직임이 없자 불곰은 천천히 몸을 돌려 강으로 갔다.

"괜찮아, 괜찮아."

외삼촌이 다가와서 이고리 어깨를 감싸 안았다. 이고리는 외삼촌에게 몸을 기댔다. 불곰과 맞닥뜨린 시간은 몇 십 초에 불과했지만 마치 몇 시간이나 지난 것처럼 길게 느껴졌다. 이고리는 이마에 송글거리는 땀을 닦으며 말했다.

"이렇게 가까이 본 적은 처음이에요."

"외할아버지가 그러셨는데 말이야. 밤에 연어를 잡다가 누군가와 부딪쳤다 하면 불곰이었대. 무지 난폭한 녀석들이지만 위협을 느끼지 않으면 공격하진 않아. 어쨌든 다행이야."

외삼촌이 조그만 소리로 이고리에게 말했다.

"좋은 목을 저 녀석이 차지했군. 다른 데로 가야겠어."

아빠가 앞장섰다.

"외할아버지도 불곰에게 좋은 자리를 양보했을 거야. 겨울을 준비하는 불곰에게도 연어는 무척 중요하니까 말이야."

외삼촌이 이고리를 앞세우며 말했다.

강물엔 드물게 무리를 지어 오르는 연어가 보였다. 외삼촌이 엄지손가락을 올리며 말했다.

"녀석들, 큰 배들이 아무리 길을 막아도 물살을 헤치고 저렇게 올라온다니까. 대단해. 대단해."

아빠와 외삼촌은 그물 양쪽을 잡고 강물로 던졌다.

"이고리, 너도 잡아당겨."

외삼촌이 그물을 당기며 말했다. 이고리는 얼른 외삼촌 곁으로 가서 그물을 잡아당겼다. 그물 속에서 연어 몇 마리가 파닥거리고 있었다. 이고리는 연어를 보며 소리쳤다.

"와, 올해 처음 잡는 연어네요."

"그래, 그래. 첫 하이쿠구나."

외삼촌이 소리쳤다. 이제 이텔멘족 말이 거의 다 사라졌지만 연어가 하이쿠라는 것쯤은 이고리도 알고 있었다. 연어들은 힘이 좋았다. 퍼덕거리며 당장에라도 그물을 뛰쳐나가 강물을 거슬러 올라갈 것 같았다. 어느 정도 연어가 잡히자 아빠가 말했다.

"오늘은 이만하면 됐다."

아빠와 외삼촌은 연어 손질을 하기 시작했다. 알은 그릇에 따로 모았다. 붉고 신선한 알이 탱글탱글했다.

외삼촌이 커다란 연어 한 마리를 높이 쳐들며 말했다.

"이고리, 이 연어는 하나도 버릴 게 없다는 것 너도 다 알지? 알은 알대로 먹고, 고기는 고기대로 먹고, 또 저장하고, 이 연어 껍질로는 옷도 만들어 입지. 뼈로는 장신구를 만들고."

"어디 그뿐이야? 기름은 약으로도 쓰고, 등불을 켤 때 쓰기도 하지. 영양가도 최고고 말이야."

아빠도 조용히 말했다.

"암! 우리 이텔멘족이 연어를 선택한 것은 탁월했어. 1년 내내 연어는 우리 이텔멘족의 양식이었지."

외삼촌이 한술 더 떠서 목소리를 높였다. 하지만 곧 긴 한숨을 쉬며 혼잣말을 했다.

"휴우, 너희에게 돌아와야 하는데……. 나는 너희를 봐야 힘이 나는데 말이야."

"외삼촌은 도시를 더 좋아하지 않아요?"

이고리는 고개를 갸웃거렸다.

"그랬지. 어쩌다 도시 맛을 알아 버렸지."

"그런데 후회해요?"

"이고리, 실은 돌아오고 싶기도 해. 하지만 세상일이 마음먹은 대로 되는 건 아니거든. 하하."

외삼촌이 멋쩍게 웃었다.

"저녁엔 하이쿠 국을 끓여 먹어야지?"

아빠는 연어알과 연어 몇 마리를 외삼촌에게 건넸다.

"둘이 할 말이 있다 이거지?"

외삼촌이 고개를 끄덕이며 짐을 챙겨 집으로 먼저 갔다.

아빠는 이고리에게 손질한 연어를 담은 양동이를 들려 주었다. 아빠도 한 짐 지고 앞장섰다. 덕장으로 가기 위해서였다.

저만치 자작나무로 만든 덕장이 눈에 들어왔다. 연어를 말리는 덕장은 할아버지의 할아버지 때부터 대대로 자리를 지키고 있는 곳이라 했다. 덕장 지붕은 풀로 덮여 있고 사방으로 바람이 잘 통하는 곳이었다.

아빠는 말없이 연어를 덕장 나무에 걸었다. 이고리도 자기가 가져온 연어를 널었다.

"이고리, 아빠도 이곳을 떠나려고 했었어."

"네? 아빠가요?"

이고리는 놀란 눈으로 어두워진 아빠 얼굴을 바라보았다. 외할아버지의 유언을 받들어 연어와 함께 살아가겠다고 약속했다는 말은 들었지만 너무 뜻밖이었다. 이텔멘족이 수천 년 동안 살아온 방식을 절대로 버리지 않겠다 했던 아빠였다. 그런 아빠가 이곳을 떠나려 했다니 믿을 수 없었다.

"외할아버지에게는 외삼촌이 잘 있나 보고 오겠다며 도시로 갔었지. 사실은 거짓말이었어. 어떻게든 도시에서 살길을 찾아보려 했었어. 하지만 며칠 가지 않아 아빠는 견딜 수 없었단다. 이곳 풀 냄새, 물 냄새, 공기 냄새를 맡지 않고는 살 수 없을 것 같았지. 그래서 돌아와 네 엄마랑 결혼하고 이렇게…….”

아빠 얼굴이 다시 환해졌다.

“다 널었으니 아빠랑 하구에 가 보자.”

아빠는 강 하구와 이어진 바닷가 쪽으로 향했다. 이고리는 아빠 뒷모습을 보며 생각에 잠겼다. 아빠는 이텔멘족의 전통을 지키겠다며 전통 춤도 배우고, 이텔멘족 말도 발굴하고 있었다. 그런 아빠였기에 절대로 도시 같은 데는 기웃거리지 않은 줄 알았다.

강 하구 모래톱은 어디서 시작해 어디서 끝나는지 알 수 없을 만큼 넓었다. 또 물살이 거센 큰 강줄기를 가운데 두고 사방으로 작은 물줄기가 흘러내리고 있었다. 망망대해엔 연어를 잡는 커다란 배들이 보였다. 이고리는 아빠 곁에서 가슴이 확 트이는 풍경을 바라보았다. 아빠가 바닷바람을 마시며 말했다.

"이고리, 이텔멘족에 담긴 뜻이 뭔지 아니?"

"뭔데요?"

"'여기에 산다'란다."

"여기에 산다요?"

"여기가 연어의 길목이잖니. 나가는 길목, 들어오는 길목."

이고리 머릿속에 단어들이 흘러 다녔다.

'여기에 산다. 나가는 길목, 들어오는 길목……'

이곳에 올 때마다 그저 넓은 하구라고만 생각했다. 그런데 지금은 무엇인가가 자꾸 가슴을 들썩이고 있었다. 바람 소리, 물소리, 갈매기 소리가 마구 섞여 귓전을 휘돌았다.

"네가 도시로 가는 걸 반대하지 않으마. 대신, 대신 말이다. 연어처럼 이 냄새를 기억하거라."

이고리는 가슴이 찡해지는 것을 느꼈다. '이텔멘족을 기억하라'라고 들리기도 했다.

이고리는 아무런 대답도 하지 않았다. 다만 두 팔을 벌리고 강물 냄새를 흠씬 마셨다.

"흐흠!"

이 냄새를 확실히 기억해 두고 싶어서였다.

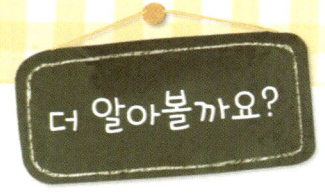

러시아

러시아는 세계에서 가장 넓은 나라야. 국토가 유럽 대륙 동부에서 시베리아에 걸쳐 있지. 동에서 서까지 거리는 약 9천 킬로미터, 남에서 북까지 최대 길이는 약 4천 킬로미터나 된대. 참고로 서울에서 부산까지 거리는 4백 킬로미터니 얼마나 넓은지 알 수 있겠지? 얼음으로 덮여 있는 북극과 툰드라, 스텝, 평원 등 다양한 땅으로 이루어진 러시아는 워낙 땅이 넓어 웬만한 자원은 자급자족할 수 있단다.

정식 국가 이름은 러시아연방이야. 수도는 모스크바이고, 유네스코 문화유산에

▲ 수도 모스크바에 위치한 '붉은 광장'은 역사와 문화의 중심지로서 러시아의 상징과도 같은 곳이야. 광장에는 러시아에서 가장 아름다운 건축물로 손꼽히는 성 바실리 대성당과 국립역사박물관, 러시아 최대 규모의 백화점 등이 자리 잡고 있어 언제나 수많은 여행객들로 붐빈단다.

지정된 상트페테르부르크는 제2의 도시지.
푸시킨, 체호프, 톨스토이 등이 러시아 출신 작가이고, 차이콥스키, 쇼스타코비치 등이 러시아 출신 음악가란다.

원시의 땅, 캄차카 반도

캄차카 반도는 러시아연방 동쪽 끝에 있단다. 서쪽은 오호츠크 해, 동쪽은 태평양, 베링 해를 끼고 있지. 겨울은 혹독하게 춥고 길며 눈이 많이 내리고, 여름은 습기가 많고 서늘한 편이래.
캄차카의 크기는 우리나라 두 배쯤 된단다. 약 160여 개의 화산이 있고 아직도 30여 개의 화산이 활동하고 있는 원시의 땅이야. 그래서 곳곳에 간헐천과 온천이 많이 있어. 화산 지대 덕분에 반도 남쪽엔 지하 증기를 이용하는 지열발전소도 있지.
중심지는 동부에 있는 페트로파블롭스크캄차츠키야. 주민의 대부분은 러시아인들이고, 코랴크족, 추크치족, 이텔멘족 등 원주민도 살고 있어. 대부분의 사람들이 게, 연어 등을 잡는 어업에 종사하고, 약간의 소나 순록을 키우기도 하지.
캄차카의 비스트라야 강과 쿠릴 호수 등은 연어가 많이 찾아오기로 유명하단다.

캄차카 원주민, 이텔멘족

'여기에 살다'라는 뜻을 가진 이텔멘족은 1697년 처음 세상에 알려졌단다. 주로 강변이나 바닷가에 흩어져 살았는데 발견 당시엔 석기 단계 정도의 문화를 가지고 있었대. 겨울에는 땅속 움집에, 여름에는 말뚝을 박아 세운 집에 살았다지. 겨울에는 자작나무로 만든 썰매를 탔고, 여름에는 포플러나무를 통째로 깎아 만든 배를 사용했대. 이들은 그물이나 댐을 쌓아 물고기를 잡았어. 이들에겐 소금이 없었지만 물고기를 땅에 묻거나 햇빛에 말려 저장했대.

18세기에 러시아의 지배를 받으면서 고유 생활 방식과 고유 언어가 거의 사라지고 말았지. 하지만 몇몇 이텔멘족들은 여전히 연어를 잡아 생활하고 전통을 지키려 노력하고 있대. 현재 2천여 명의 이텔멘족이 캄차카에서 살아가고 있단다.

강에서 바다로 다시 강으로, 연어

연어는 강에서 태어나 몇 주일 후에 바다로 가서 3~4년을 산단다. 어른이 되면 태어난 강으로 되돌아와서 알을 낳지. 연어는 자신이 태어난 강물의 냄새나 자기장 등 다양한 감각을 통해서 고향을 찾아온다고 해. 요즘엔 이런 회귀성을 이용해 알을 인공부화시킨 후 치어를 강에 방류하기도 한단다.

연어를 볼 수 있는 곳은 러시아, 알래스카, 북아메리카, 일본, 중국 등이야. 우리나라 동해와 남해로 흐르는 일부 하천에서도 볼 수 있지.

연어는 불포화지방산인 EPA와 DHA

가 들어 있어. 또 비타민A·D 가 들어 있어 시력을 좋게 하고, 골다공증을 예방해 주지. 풍부한 콜라겐 성분은 피부를 좋게 해 준단다.

우리나라와 연어

우리는 언제부터 연어를 먹었을까? 1454년 『세종실록지리지』에 함경도 고원군 덕지천에 연어가 많이 나 이익이 많다고 씌어 있단다. 또 1527년 최세진이 지은 한자 학습서 『훈몽자회』에는 연(鰱) 자를 '련어 련'이라고 하였지.

1820년경 서유구가 쓴 『난호어목지』에는 연어를 '年魚'라 하고 '동해에 물고기가 있는데 큰 것은 길이가 두서너 자이고 비늘은 가늘며, 청색 바탕에 담적색이다'라고 설명하고 있어. 또 명주 같은 모양에 담홍색을 띠는 알은 서울 사람들이 매우 좋아한다고 씌어 있단다.

이런 기록으로 보면 조선 시대에는 연어를 먹었던 게 분명해. 주로 말려 먹거나, 소금에 절여서 먹었고, 알은 젓갈로 담가 먹었단다.

그럼, 요즘에도 연어가 있을까? 오늘날에도 강원도와 경상도의 하천에 연어가 찾아오고 있지. 하지만 그 수가 많지 않단다. 원인은 적어진 수량과 오염된 물, 환경 변화로 수온이 올라가서래. 그래서 나라에서는 수질을 좋게 하기 위해 노력하고, 연어를 인공부화해 치어를 방류하지.

그나마 강원도 양양 남대천에서 가을마다 연어축제를 열어 연어의 명맥을 유지하고 있단다.

재료 : 훈제 연어(슬라이스), 고슬고슬한 밥, 무순, 식초, 설탕, 소금, 랩, 소스(사과 반쪽 갈고, 마요네즈, 설탕을 섞어 만든)

1. 밥을 고슬고슬하게 해 놓는다.
2. 무순을 깨끗이 씻어 물기를 빼 놓는다.
3. 식초, 설탕, 소금을 3:2:1의 비율로 맞춰 ①과 함께 비벼 놓는다.
4. 연어 슬라이스를 한 장 펴서 ③을 한 숟갈 올려 감싼다.
5. ④를 랩으로 돌돌돌 동그랗게 감는다.
6. ⑤의 랩을 벗기고 접시에 올려놓는다.
7. 완성된 초밥 위에 소스와 무순을 얹는다.

희망을 나눠 주는 열매

올리브와 팔레스타인

팔레스타인 가자지구

"올리브 나무는 희망을 나눠 주는 나무란다.
올리브 나무는 세월이 갈수록 속은 비고 비틀어져 볼품없어지지만
끊임없이 열매를 선물로 주지."

"내일 올리브 따러 갈 거지?"

언덕배기 올리브 밭을 보며 우헤이디가 물었다. 바로 내일이 팔레스타인에서 정한 올리브의 날이었다. 이날은 관청도 쉬고 학교도 쉰다. 모든 사람들이 나서서 올리브 열매를 따는 것이다. 사피는 얼른 눈을 다른 곳으로 돌리며 말했다.

"아니, 안 갈 거야."

올리브 밭에 가면 외삼촌 생각이 더 날 것 같아서였다. 외삼촌은 얼마 전 마을 사람들 무리의 맨 앞에 서서 올리브 나무를 베려는 이스라엘 군인들에게 맞섰다. 덕분에 올리브 나무는

살렸지만 외삼촌은 감옥에 가고 말았다.

아침에도 사피는 올리브 따러 가자는 엄마한테 이렇게 소리쳤다.

"절대 안 갈 거야."

"에구, 외삼촌이 감옥에 간 건 올리브 때문이 아니라 이스라엘 때문이지."

"올리브 나무가 없었다면 그런 일도 없었을 것 아냐."

사피는 고집을 꺾지 않았다.

"사피, 무슨 생각해? 다 왔어."

우헤이디가 팔꿈치로 사피를 툭 쳤다. 저만치 총을 든 이스라엘 군인이 지키고 있는 검문소가 보였다. 사피는 하늘을 향해 솟은 높다란 장벽이 너무 답답하게 느껴졌다. 외삼촌을 잡아가던 험상궂은 이스라엘 군인들이 떠올랐다. 하지만 어깨를 반듯하게 펴고 앞장섰다.

"서라."

이스라엘 군인이 총부리로 앞을 막았다. 날마다 학교를 오가며 봐서 얼굴을 아는데도 늘 처음 보는 것처럼 굴었다. 왜 우리 땅에서 우리 맘대로 못 다니느냐고, 당장에 외삼촌을 풀어 달라고 소리치고 싶었다.

하지만 검문소를 지날 때 군인들 눈에 거스르는 행동을 하지 말라는 엄마 말이 떠올랐다. 사피는 굳은 얼굴을 풀며 인사를 했다.

"학교 마치고 집에 가는 거예요."

무표정한 군인이 위아래로 훑어보더니 턱을 치켜들었다. 얼른 지나가라는 표시였다. 둘은 부지런히 검문소를 빠져나왔다.

수천 년 전엔 이스라엘 사람들도 이 땅에 같이 살았다고 했다. 로마 속국이었던 이스라엘이 반란을 일으켰고, 이스라엘 사람들은 로마에 의해 세계 곳곳에 흩어졌다고 했다.

그런데 2천 년이나 지난 후에 이스라엘 사람들이 와서 땅을 내놓으라고 했고, 이렇게 팔레스타인 사람들에게 총부리를 겨누고 있었다.

"아휴, 저 장벽을 그냥 콱 무너뜨려 버렸으면 좋겠어."

한참 걸어온 후 사피가 뒤돌아보며 중얼거렸다.

"우리 오빠도 너처럼 말하는데."

우헤이디 말에 사피 눈이 반짝였다.

"정말? 그런데 말키 오빠 요즘 안 보이더라."

"응, 고등학교에 가야 하니까. 공부, 공부, 숨도 안 쉬고 공부만 한다니까. 나중에 대학도 다닐 거고, 그다음엔 유엔에 가서 일하고 싶대. 그래서 올리브 나무도 지키고 우리나라도 지킬 거래."

우헤이디가 자랑스럽게 말했다. 사피는 6학년이 되면서부터 말키가 달리 보였다. 키도 크고 잘생긴 말키를 생각만 해도 가슴이 울렁거렸다.

"와, 역시 말키 오빠는 다르다니까."

"너, 올리브 장학금에 대해 알아?"

"무슨 장학금?"

"올리브 장학금! 옆 마을 올리브 협동조합에서는 대학생들에게 장학금을 준대. 그런데 이번 우리 마을 협동조합에서도 오빠를 고등학교 장학생으로 뽑았대. 성적만 좋으면 대학교 장학금도 줄 거라던데?"

"잘됐다! 말키 오빠가 공부 많이 해서 힘센 사람이 됐으면 좋겠다. 그래서 저 장벽을 그냥 와르르르……."

사피는 두 팔을 흔들어 댔다. 우헤이디는 웃음을 터뜨렸다.

"우리가 오빠를 도와주면 훨씬 낫겠지?"

"좋은 생각인데? 내가 힘이 세잖아."

두 주먹을 불끈 쥐며 사피가 너스레를 떨었다.

"너도 돕겠단 말이지? 그럼 나랑 중학교에 가자. 오빠가 그러는데 여자도 공부를 해야 한대."

"글쎄……."

사피는 금세 표정이 어두워졌다. 사실 사피는 중학교에 진학하기보다 미용 기술을 배우고 싶었다. 가정 형편도 좋지 않았고, 언제 베어질지 모르는 올리브 나무에 기대어 살고 싶지 않았다. 하지만 우헤이디 말을 들으니 마음이 흔들렸다.

"어쨌든 말키 오빠가 그랬단 말이지!"

사피가 다시 웃음을 띠며 중얼거렸다.

"참, 내일 말키 오빠도 공부 하루 쉬고 올리브 딸 거래."

"정말?"

"응, 그러니까 너도 올리브 따러 같이 가자."

우헤이디가 사피 팔을 붙잡았다. 사피가 대답을 못 하자 이번엔 겨드랑이를 간질였다.

"하하하. 알았어, 알았어."

사피는 어쩔 수 없이 웃음을 터뜨리고 말았다.

다음 날 아침, 사피는 아침 일찍 일어났다.

"엄마, 나도 올리브 따러 갈 거야."

"좋지. 일손도 부족한데."

엄마 눈이 휘둥그레졌다. 그때 마당에서 우헤이디 목소리가 들려왔다.

"사피, 준비됐니?"

마당에는 사피와 말키 오빠가 와 있었다. 사피는 우헤이디, 말키 오빠와 함께 마을 앞으로 나갔다. 아이들부터 노인들까지 모두 모여 들었다. 해마다 올리브의 날에 맞춰 오는 외국 봉사단원들도 있었다.

모두들 높다란 장벽을 향해 걸어갔다. 올리브 밭은 학교와 마찬가지로 이스라엘 사람들이 살고 있는 장벽 너머에 있었다. 역시 검문소에서는 바로 통과시켜 주지 않았다.

이스라엘 군인들은 어떻게든 올리브 수확을 못 하게 막으려 했다. 봉사단원들이 나서서 한바탕 큰소리가 난 뒤에야 지나갈 수 있었다.

길은 조금씩 가팔라졌다. 먼지가 풀풀 날렸다. 언덕에 올라서니 올리브 밭이 넓게 펼쳐져 있었다. 올리브 나무의 은회색 이파리들이 먼지를 둘러쓴 것처럼 희뿌옇게 보였다. 꼭 할머니 머리칼 같았다. 말키 오빠가 사피 곁을 걸으며 말했다.

"사피, 외삼촌은 곧 풀려날 거야. 온갖 어려움을 다 이겨 내고 버텨 준 저 올리브 나무처럼."

사피는 고개를 끄덕였다. 눈물이 찔끔 났다. 외삼촌이 풀려나기만 한다면 올리브 나무에게 열 번, 백 번 절할 것이다.

외삼촌도 올리브 나무가 꿋꿋하다고 했다. 올리브 나무는 비가 내리지 않는 메마른 땅에서도 잘 자랐으니까.

이런 올리브 나무를 이스라엘 군인들은 온갖 핑계를 대며 베어 냈다. 필요도 없는 길을 닦거나 군사시설에 방해가 된다며, 또 범죄자들이 올리브 숲에 숨어 버리면 찾기 힘들다면서 베어 냈다.

하지만 사람들은 다시 올리브 나무를 심었다. 이곳저곳에서 올리브 나무가 베어졌다는 소식을 접할 때마다 더 단결했다. 올리브 나무는 생명줄이기 때문이었다. 그러니 외삼촌도 이 나무들을 목숨 걸고 지켰을 것이다.

맨 앞쪽에 있는 사피네 밭은 근처에서 가장 오래된 나무들이 많았다. 아마 수백 년은 됐을 것이다. 사피 같은 아이 둘이 두 팔을 벌려 껴안아야 할 정도로 큰 아름드리나무였다. 사피네 밭 옆은 우헤이디네 밭이었다. 역시 오래된 나무가 많았다.

'사피, 올리브 나무는 희망을 나눠 주는 나무란다. 올리브 나무는 세월이 갈수록 속은 비고 비틀어져 볼품없어지지만 끊임없이 열매를 선물로 주지. 그걸로 우리는 피클을 만들거나 기름을 짜서 온 가족이 일 년 내내 먹고 또 시장에 내다 팔기도 해. 기름은 등불을 켜거나 비누를 만들기도 하잖아. 이런 나무는 세상에 없을걸.'

올리브 밭 가까이 오니 사피 귓가에 외삼촌 목소리가 들려왔다. 올리브 나무 사이로 외삼촌이 걸어 나올 것만 같았다.

"와, 열매가 조롱조롱 많이도 달렸네요."

봉사단원들은 조를 나누어서 마을 사람들의 밭으로 흩어졌다. 사피네는 작년처럼 릴리 언니가 도와주기로 했다. 아빠는 넓은 천을 올리브 나무 아래 깐 후 막대기로 올리브 가지를 쳤다. 후드득, 열매가 잎과 함께 아래로 떨어져 쌓였다. 엄마와 릴리 언니가 떨어진 열매를 고르기 시작했다. 사피도 잔가지와 잎 사이에서 올리브 열매를 골라 바구니에 담았다.

우헤이디네 밭을 보니 말키 오빠가 올리브 나무에 올라가 있었다. 막대기가 닿지 않은 가지를 잡고 열매를 따기 위해서였다. 우헤이디가 참새처럼 쫑알거리며 올리브 열매를 고르고 있었다.

"우리도 말키처럼 따야 하는데."

아빠가 보고 중얼거렸다.

"아빠, 내가 할게요."

사피는 나무에 오르기 시작했다. 어릴 때는 사피도 나무를 제법 잘 탔다. 하지만 마음만 앞섰는지 발이 미끄러져 그만 나무 아래로 떨어지고 말았다.

"사피 괜찮니?"

엄마와 아빠가 사피를 일으켰다.

"조금 긁혔을 뿐이에요."

사피는 팔꿈치를 들어 보였다.

"사피, 네가 나무에 올라갔단 말이야? 다시 봐야겠는걸."

말키 오빠가 와서 상처를 들여다보았다. 사피는 부끄럽기도 했지만 가슴이 두두두두 떨렸다. 말키 오빠는 사피에게 환하게 웃어 주고는 다람쥐처럼 나무 위로 올라갔다. 곧 높은 곳에 있던 열매들이 떨어져 내렸다. 엄마와 릴리 언니를 따라 사피도 올리브 열매를 주워 담았다.

"말키, 잘하는구나. 역시 우리 마을 첫 번째로 올리브 장학금을 받을 만해."

아빠가 흐뭇하게 바라보았다. 말키 오빠가 나무에서 내려와

말했다.

"우리 조상들이 참 지혜로운 것 같아요."

"그렇지. 할아버지의 할아버지가 심고 가꾸고, 할아버지와 아버지가 지켜 온 덕분에 이렇게 올리브를 수확할 수 있으니."

아빠가 고개를 끄덕였다.

"그러니까 조상들이 지켜 낸 올리브 나무를 우리도 지켜야죠?"

사피가 말했다.

"와! 사피, 멋진 말이야."

말키 오빠가 엄지를 올려 보였다. 아빠도 빙그레 웃었다. 사피는 얼굴이 홍당무처럼 빨개져서 깔아 놓은 천 바깥으로 굴러 나간 올리브 열매를 주웠다.

사피는 올리브 나무를 보고 싶지 않았던 자신이 바보스럽게 느껴졌다. 온 나라 사람들을 먹여 살리는 게 바로 올리브 나무인데 말이다. 외삼촌 말처럼 올리브는 희망을 나눠 주는 열매였다.

"외삼촌, 제 생각이 틀렸어요. 외삼촌도 올리브 나무를 지켰으니 저도 지킬게요."

사피는 외삼촌이 옆에 있기라도 한 듯 중얼거렸다.

"사피, 금방 뭐라고 했니?"

말키 오빠가 사피 옆에서 올리브 열매를 주우며 물었다.

"으응, 공부 열심히 해야겠다고."

사피는 얼떨결에 이렇게 말해 버렸다.

"그래? 그럼 우리 나중에 대

학교에서 만날 수도 있겠네."

　말키 오빠는 사피 어깨를 툭툭 치고는 자기네 밭으로 돌아갔다. 사피는 말키 오빠 뒷모습을 바라보았다. 눈앞에 말키 오빠랑 같이 책을 보고 있는 자신의 모습이 떠올랐다. 사피는 빙그레 웃으며 햇살에 반짝이는 올리브 열매를 더 부지런히 모았다.

팔레스타인

팔레스타인은 지중해 동부 지역에 위치해 있어. 2천여 년 전까지는 팔레스타인 땅에 이스라엘 사람들, 즉 유대인들이 살고 있었어. 서기 66년 로마의 지배를 받고 있던 이스라엘은 반란을 일으켰단다. 로마는 유대인들을 그 땅에서 쫓아냈어. 그 후 유목을 하던 아랍인들이 팔레스타인 땅에 살게 되었지. 2백 년도 아니고 2천여 년 동안 말이야. 그동안 이스라엘 사람들은 나라 없이 전 세계로 흩어져 떠돌았단다.

제1차세계대전 후 오스만튀르크에 이어 영국이 팔레스타인 지역을 다스렸어. 영국은 제2차세계대전을 치른 후 경제적으로 무척 힘들어졌지. 이때 유대인들

▲ 제주도 1/5 면적의 가자지구는 높은 콘크리트 벽으로 둘러싸여 있고 바다마저 이스라엘 해군이 막고 있어서 완전한 고립 상태에 처해 있어. 팔레스타인과 이스라엘의 끊이지 않는 무력 충돌 속에 150만 명이나 되는 사람들이 극심한 공포와 빈곤에 떨고 있지. 이 중 14세 미만 어린이 수가 절반에 가까워.

이 영국에 도움을 많이 주었단다. 그 대가로 1948년 영국은 유대인들을 팔레스타인 가자지역으로 이주시켰어. 영국은 팔레스타인과 이스라엘을 분리시킨 뒤 유엔에서 이스라엘을 공식 국가로 인정받게 만들었단다.

지금은 하마스라는 팔레스타인 극우 단체가 게릴라전을 펼치고 있어. 팔레스타인은 더 이상 물러날 곳이 없고, 이스라엘은 가자지구를 차지하기 위해 다투고 있는 거지. 그래서 팔레스타인 지역을 중동의 화약고라 부르고 있단다.

먹고 바르고 마시는 열매 올리브

올리브 나무의 원산지는 지중해 연안이라고도 하지만 터키라는 주장이 더 강해. 올리브 나무는 약 5~10미터까지 자라고, 잎은 긴 타원형, 대추 모양 열매는 지름이 2~3센티미터 정도란다.

기원전 3500년경부터 그리스 크레타 섬에서는 올리브 기름을 짜서 먹고 몸에 발랐대. 기원전 600년경 로마에서도 올리브 열매를 미용과 치료에 사용했다고 전해 오지. 그 후 올리브는 지중해 근처의 모든 나라로 퍼져 재배되었단다.

올리브 열매는 항산화물이 많아 암을 예방해 줘. 또 몸에 나쁜 콜레스테롤을 억제하고 좋은 콜레스테롤을 만들어 혈관을 튼튼하게 해서 고혈압, 심장병을 예방하지. 비타민(A, C, D, E, F)과 미네랄 성분이 풍부해서 눈과 피부에도 좋고 노화를 방지한대. 또 어린이들의 성장과 뼈, 뇌 발달을 돕는단다. 특히 살을 찌게 하는 트랜스지방이 없어서 다이어트에 좋은 식품이래.

올리브 열매는 식품뿐 아니라 비누, 샴푸, 화장품에도 사용되고 있지. 또 잎은 차를 끓이거나 요리에 넣어 먹고, 나무로는 조각품을 만들기도 한단다.

팔레스타인과 올리브

오래전 우리나라에서는 부모님들이 자식을 대학에 보내기 위해 소를 길렀어. 제주도에 사는 사람들은 귤나무를 키웠고. 팔레스타인에서는 올리브 나무가 우리나라의 소나 귤나무 역할을 하는 셈이야. 올리브 나무는 메마르고 척박한 팔레스타인 땅에서도 잘 자라거든. 그래서 팔레스타인 사람들에게 올리브 나무는 생명과도 같단다.

이스라엘은 팔레스타인을 탄압하기 위해 올리브 나무를 베어 내고 있어. 올리브 나무가 팔레스타인 사람들에게 얼마나 중요한지 알고 있기 때문이지.

2000년 이후에 베어진 것만 해도 40만 그루가 넘는다는 거야. 그래서 유럽, 우리나라 등 세계 평화 운동가들이 팔레스타인에 들어가 올리브 수확을 돕고, 올리브 나무 심기 운동도 벌이고 있어.

팔레스타인 서안 지구에 있는 '가나안 페어트레이드'는 올리브 생산 협동조합이 수확한 올리브를 가공해 세계 여러 나라에 수출하고 있지. 또, 올리브 생산 농민 자녀들을 장학생으로 선발해서 학업을 계속할 수 있도록 돕는 일도 한단다.

우리나라와 올리브

아열대성인 올리브나무는 우리나라에서 자랄 수 없었어. 최저 기온이 -9.4℃에서 -12.2℃ 이하로 떨어지면 자랄 수가 없기 때문이래. 그런데 2010년 3월, 농촌진흥청에서 추위에 잘 견디는 품종을 뉴질랜드로부터 들여와 시험 재배를 시작했단다.

2012년에는 제주도 온난화대응농업연구센터에 있는 밭에 올리브 나무를 심었대. 2013년 6월에 꽃이 피었고, 양은 많지 않지만 10월에 첫 수확을 했어. 2014년에는 한 그루당 2.5킬로그램 정도 수확하게 되었대. 따라서 우리나라에서도 남해안 지역과 제주도에서 올리브 나무를 키울 수 있다는 것을 알아냈단다. 농촌진흥청에 따르면 앞으로도 추운 곳에서도 자랄 수 있는 우수한 품종을 더 들여와 연구하고 농가에 보급할 계획이래.

오물조물 레시피

식빵 올리브 피자

재료 : 식빵 4쪽, 햄 300g, 양파 1개, 피망 1개, 올리브 12알, 토마토소스, 피자 치즈

① ② ③ ④

⑤ ⑥

1. 양파와 햄을 잘게 썰어 프라이팬에 볶는다.
2. 피망을 동그랗게 썰어 놓는다.
3. 올리브를 동그랗게 썰어 놓는다.
4. 식빵에 토마토소스를 바른 후 ①, ②, ③을 차례로 올린다.
5. ④에 피자 치즈를 올린다.
6. 전자레인지로 3분 정도 돌리면 끝.

우리 땅에서 키운 우리 콩

콩과 우리나라

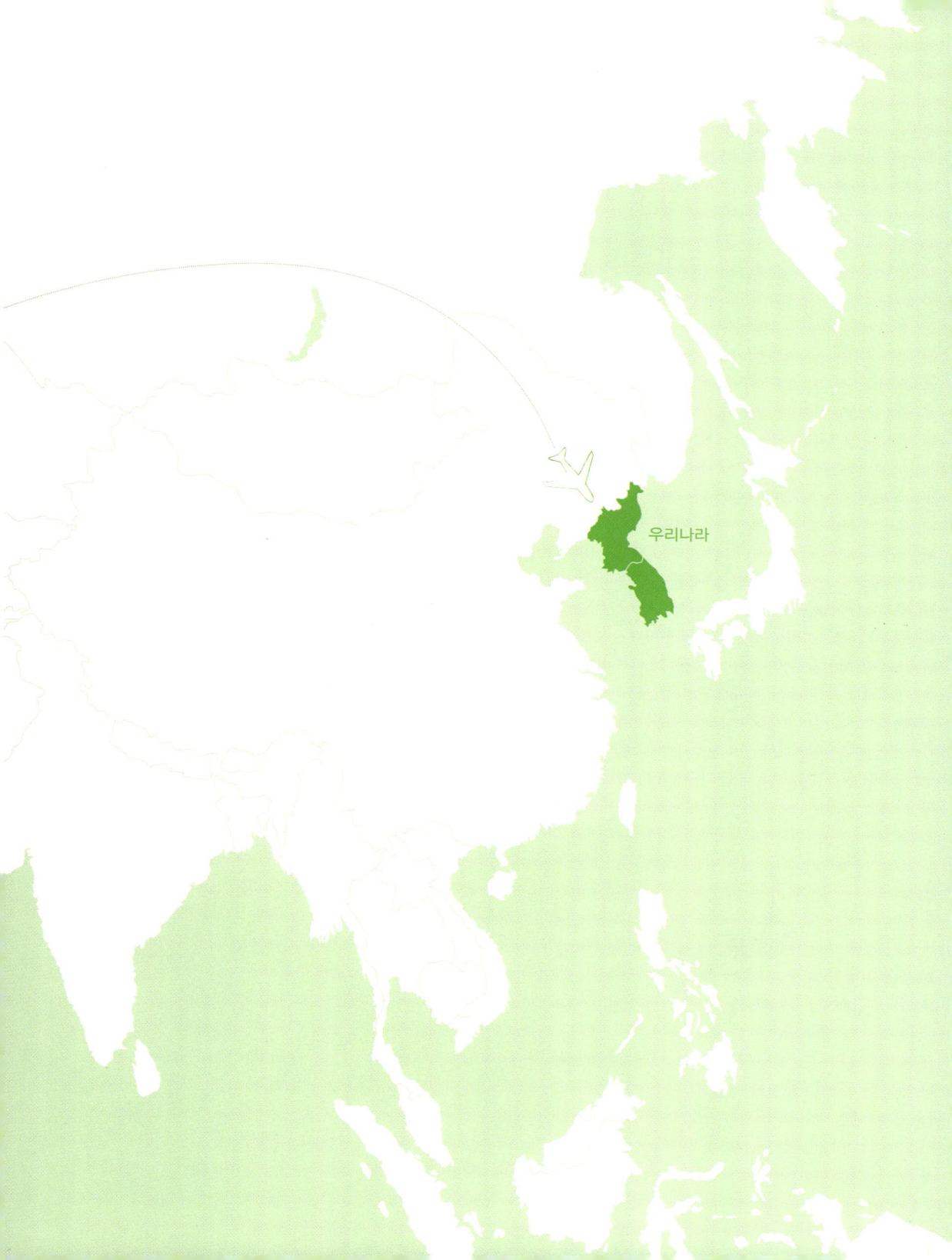

"아하, 그러니까 이 콩은 우리 땅에서 안전하게 자란 거라 몸에도 좋다 이거죠?"

 두혁이와 석주는 앞서거니 뒤서거니 달렸다. 학교 끝나고 집으로 가는 길엔 늘 이렇게 뛴다. 학교에서 마을까지 이어진 길가엔 은행나무가 줄지어 있었다. 노릇해진 잎들이 바람에 한두 잎씩 날렸다. 얼마 전까지 푸르스름하던 들판도 누렇게 물들었다. 들판을 바라보던 두혁이가 생각났다는 듯 말했다.
 "맞아. 오늘 콩 베는 날이라고 했어."
 "가 보자."
 석주는 벌써 달리기 시작했다. 두혁이도 냅다 달렸다. 들판은 고구마를 캐서 땅이 드러난 몇 곳을 빼고는 대부분 콩밭이었다. 두혁이가 1학년일 때는 지금의 고구마밭처럼 드문드문 콩밭이 있었다. 그땐 채소를 키우는 비닐하우스가 많았다. 하지만 어느 날부터 비닐하우스가 하나둘 사라졌다. 어른들 말로는 계속 농사를 지었지만 빚만 늘었다고 했다. 빚을 짊어진 사람들은 돈을 벌기 위해 도시로 이사를 갔다.

"아이고, 숨차겠다. 천천히 와라. 천천히."

아빠가 두혁이와 석주에게 소리쳤다. 콩을 베던 사람들이 허리를 펴고 일어나 두 아이를 바라보았다.

"우리 뭐 할까요?"

두혁이가 가방을 내려놓으며 말했다.

"음, 할 만한 일이 있지."

아빠가 콩대를 베어 낸 밭 가운데로 갔다. 콩대들이 서로 지지대가 되어 서 있었다. 아빠가 세워진 콩대에 새 콩대를 기대어 세웠다.

"이렇게 말린 후에 콩 타작을 하거든. 할 수 있겠지?"

"문제없어요."

두혁이와 석주는 콩대를 나르기 시작했다. 콩대엔 튼실한 콩깍지가 다닥다닥 달려 있었다. 아빠 말대로 올해도 콩 농사는 풍년인 것 같았다. 두혁이는 두 팔을 힘껏 벌려 콩대를 한 아름 안았다.

"이 콩 참 고맙지?"

"당연한 말씀. 폐교를 막아 준 콩이니까."

석주도 콩대를 안으며 대답했다.

"안 그럼 두 시간씩 버스 타고 학교 다니느라 엄청 힘들었을 거야."

"이렇게 말이지?"

콩대를 안은 석주가 비틀거렸다. 두혁이도 석주를 따라 했다. 그러다 한바탕 웃음보를 터뜨렸다.

몇 년 전엔 곧 학교가 문을 닫게 될 거라고 했다. 선생님과 마을 어른들은 어떻게든 폐교를 막아 보려 했지만 나날이 학생 수가 줄었다. 그랬는데 콩 농사를 지으면서 학생들이 하나둘 늘기 시작했다. 콩밭도 점점 넓어졌고 콩 사업도 잘되었다. 마을 어른들이 도시로 나간 사람들을 불러들였다. 도시에 살고 있던 사람들도 귀농을 했다. 지금은 두혁이랑 석주를 합해 5학년이 11명이나 된다. 다른 학년도 비슷하게 수가 늘었다.

"무슨 이야기를 그렇게 재미나게 하니?"

아빠가 다가와 기울어진 콩대를 바로 세우며 물었다.

"콩이 있어서 우리 학교가 폐교 안 됐다고요."

석주가 얼른 대답했다.

"그래, 참 고맙지. 온 마을 사람들의 건강을 지켜주니 이 밭에서 난 쇠고기가 아빠는 마냥 기특하단다."

"쇠고기요?"

두혁이가 물었다.

"식물성 쇠고기거든. 아니, 쇠고기보다 영양가가 더 풍부하단다."

아빠는 빙그레 웃으며 이야기를 이어갔다.

"그런데 말이야. 그걸 알고 가장 먼저 콩을 먹은 사람들이 바로 우리 조상들이래. 대단하지?"

"아하!"

두혁이와 석주는 마주 보며 입을 벌렸다.

"우리 마을이 두정리 아니냐. 콩 농사 잘되고, 물 좋다 해서 콩 두에 우물 정. 할머니가 그러는데 아빠가 태어나기 전엔 저 멀리 끝까지 다 콩밭이었단다. 예부터 우리 마을은 맛있는 된장과 두부를 만들어 임금님께 올렸다는구나."

"임금님께?"

두혁이와 석주는 또 마주 보았다.

"그래. 그러니 사람들이 우리 마을 콩으로 만든 된장, 간장, 청국장, 두부 다 최고라고 인정하고 앞다투어 사 가는 것이지."

"그럼 왜 그동안 콩 농사를 안 지었을까요?"

두혁이는 궁금해졌다.

"그건, 수입 콩이 싸게 쏟아져 들어왔거든. 콩 농사를 지어도 수입 콩에 밀려 제값을 받을 수 없었어. 그러니 자꾸 다른 농사를 지었던 거야. 하지만 지금은 우리 콩을 다시 찾기 시작했단다."

"그럼 지금은 수입 콩이 없어졌어요?"

석주가 고개를 갸웃거렸다.

"하하, 그건 아니야. 이젠 사람들이 조금 비싸더라도 우리 농산물이 몸에 좋다는 것을 알게 된 거지. 수입 콩은 농사지을 때 잡초 피해를 줄이려고 콩 속에 잡초에 강한 유전자를 넣는다는 거야. 그게 사람 몸에 어떤 영향을 주는지 알려지지 않아 걱정스러운 거지."

"아하, 그러니까 이 콩은 우리 땅에서 안전하게 자란 거라 몸에도 좋다 이거죠?"

두혁이가 콩깍지를 가리켰다.

"딩동댕!"

아빠가 손가락을 공중에 콕콕 찍었다.

그때 다른 아이들도 몰려와서 일을 도왔다. 모두들 들판을 한바탕 뛰어다니다 온 아이들이었다. 아이들이 우르르 몰려다니며 콩대를 세웠다. 나중엔 어른들이 베기 바빴다.

"고구마 먹고 하세요."

엄마와 할머니가 커다란 그릇을 안고 다가왔다. 얼마 전 캔 햇고구마를 쪄 온 것이었다.

"우아, 우아, 맛있겠다."

아이들은 단숨에 달려갔다. 고구마는 정말 달고 부드러웠다. 어른들은 아이들이 먹는 것을 흐뭇하게 바라보았다.

"우리가 콩 농사를 짓지 않고 뿔뿔이

흩어졌다면 오늘이 없었겠지?"

아빠랑 친구인 석주 아빠가 눈을 지그시 감았다 떴다.

"자네, 내가 콩 농사를 짓자고 했을 때 말도 안 된다며 도시로 가려고 했지."

아빠가 입안 가득 고구마를 넣으며 말했다.

"우리도 마찬가지죠."

몇몇 어른들이 고개를 끄덕였다.

"사실 저도 서울에서 일을 찾아보려고 했죠. 그런데 서울 누님 이웃에 사는 사람들이 우리 된장이 맛있다며 좀 팔라고 하는 거예요. 그래서, 아하! 콩 농사를 지어야겠구나 싶었답니다. 돈 많이 드는 비닐하우스를 짓지 않아도 되니 쉽게 시작할 수 있을 것 같았거든요. 경험 많은 어르신들이 계시고, 무엇보다 된장 담그기라면 일등인 우리 어머님이 계시고요."

아빠가 환하게 웃으며 말했다.

"처음엔 콩 사업이 잘될까 걱정이 되었네. 하지만 자네 말처럼 콩 농사는 전에 해 본 일이었기에 자신이 있었어. 고향을 지킬 수 있는 일이기도 했고 말이야. 우리도 좋지만 우리 콩을 지키는 일이 얼마나 소중한가 생각하니 마음을 정하기가 쉬웠어. 참 잘한 일이었지."

마을에서 나이가 가장 많은 감나무 집 할아버지도 말했다.

"모두 믿고 도와주셔서 이렇게 좋은 결과를 얻었습니다. 앞으로 더 많은 사람들이 우리 콩 제품을 먹게 될 겁니다. 내년에는 콩 베는 일이나 타작하는 일을 기계화해 보자고요."

아빠가 겸손하게 말했다. 그사이 아이들은 벌써 이리 뛰고 저리 뛰며 메뚜기를 잡고 있었다.

"아직 해가 있으니 좀 더 일합시다."

어른들은 다시 낫을 들고 콩을 베었다.

며칠 후, 학교에서 돌아오는데 동구 밖에서부터 구수한 냄새가 솔솔 났다. 석주가 코를 킁킁거렸다.

"앗, 콩 삶는 냄새다."

"그래. 오늘 메주 만드는 날이야."

두혁이는 석주 손을 끌고 달리기 시작했다. 둘은 단숨에 마을 회관에 도착했다. 넓은 마당에 커다란 가마솥이 몇 개나 걸려 있었다. 장작을 나르는 사람, 아궁이에 불을 때는 사람, 콩솥을 젓는 사람, 수돗가에서 일하는 사람, 각자 맡은 일들을 하고 있었다.

"와, 맛있는 냄새! 콩 좀 주세요."

두혁이가 소리쳤다.

"아이고, 학교 끝났구나. 어서 와라."

할머니가 긴 주걱으로 김이 솟아오르는 커다란 가마솥을 저었다.

"엄마한테 그릇 달라고 해."

장작불을 때며 아빠가 빙그레 웃었다. 곧 엄마가 수돗가에서 허리를 펴며 말했다.

"앉아 있으렴. 콩 떠 줄 테니."

두혁이와 석주는 가방을 내리며 마당에 놓인 평상에 앉았다. 두혁이가 물었다.

"메주 언제 만들어요? 우리도 만들게요."

"이제 다 익어 가니 곧 찧어야지."

아빠가 고구마를 장작불 속에 던져 넣으며 말했다.

"난 작년에 처음 메주를 만들어 봤어. 넌 안 만들어 봤지?"

두혁이가 잘난 척을 했다.

"안 만들어 봤지만 할 줄 알아."

석주가 손으로 네모 모양을 만들어 보였다. 그래도 두혁이는 계속 설명을 했다.

"그래, 맞아. 삶은 콩을 찧어서 그렇게 벽돌 모양으로 만드는 거야. 찰흙 빚을 때랑 거의 같아."

"그래서 잘 묶어 매달아 두었다가 우리나라에서 가장 맛있는 된장, 간장을 만드는 거지."

석주도 말했다.

"임금님도 좋아하는 된장이지."

두혁이도 말을 이었다.

"그렇지. 발효 식품으로는 세계 최고란다."

아빠가 흐뭇하게 바라보았다.

"자, 아주 푹 익었구나."

엄마가 콩을 그릇에 떠 왔다.

"앗 뜨거!"

김이 모락모락 나는 삶은 콩을 단숨에 한입 떠 넣은 석주가 펄쩍펄쩍 뛰었다. 어른들이 석주를 보며 웃음을 지었다. 두혁이는 한 숟갈 떠서 후후 불며 식혔다. 이 콩이 된장도 되고 간장도 되고 두부도 된다는 게 신기했다. 입에 콩을 넣자 구수한 맛이 온몸으로 퍼졌다.

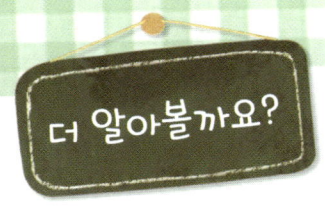

 밭에서 나는 쇠고기, 콩

밭에서 나는 쇠고기가 뭘까? 바로 콩이야. 소고기보다 훨씬 더 영양가가 높은 완전식품이지. 콩에는 단백질과 비타민(A, B, D, E)이 풍부하게 들어 있단다.

콩은 약 5천 년 전부터 재배가 시작되었다고 추측하는데, 만주 지방이 원산지로 알려져 있어. 만주 지방은 고구려 영토이니 우리나라가 콩 원산지라고 할 수 있겠지?

약 3천 년 전 공자가 편집했다는 『시경』이라는 책에 콩 숙(菽)과 콩 두(豆), 두 개의 문자가 등장했어. 또 4세기 중엽(532~549년경)에 만들어진, 중국에서 가장 오래된 농사에 관한 책 『제민요술』에 콩을 '고려대두'라고 했단다. 『제민요술』에 의하면 적어도 삼국시대에는 콩 농사를 지었다고 볼 수 있는 거지.

 콩의 변신

○ 두부

두부는 소화도 잘되고 콩에 들어 있는 단백질과 비타민 등 영양소를 고스란히 얻을 수 있는 식품이란다. 물에 불린 콩을 갈아 끓인 후 자루에 넣어 짜지. 이 콩물에 간수(습기가 찬 소금에서 저절로 녹아 흐르는 짜고 쓴 물)를 넣어 주면 단백질이 굳는단다. 이것을 삼베 천을 깐 틀에 넣고 물을 빼 주면 맛있는 두부

가 만들어져.

○ 간장과 된장

간장과 된장은 우리나라 음식의 간과 맛을 내는 기본 식품이란다. 콩을 삶아 으깨 메주를 만들어 발효를 시킨 다음 소금물에 담그지. 30일쯤 지나면 메주를 담갔던 소금물은 까만 간장이 되고 메주였던 건더기는 된장이 되는 거란다.

○ 콩기름

콩기름은 대두(노란 메주콩)에서 짜기 때문에 대두유라고도 한단다. 식용으로 많이 먹기도 하지만 가공하여 마가린 등을 만들기도 하고 광택제, 접착제 등을 만들 때 사용되기도 한단다.

○ 콩나물

콩나물은 우리나라 사람들만 먹는 식품이란다. 예로부터 우리 조상들은 채소가 귀한 겨울철에 콩나물을 키워 먹었지. 콩나물에는 콩으로 있을 땐 없던 비타민C가 들

어 있거든. 지금도 비빔밥, 잡채 등 콩나물을 재료로 한 다양한 음식을 흔히 볼 수 있단다.

유전자 조작 콩

우리나라는 미국에서 콩 수입을 많이 해. 그런데 수입 절반 이상이 유전자 조작 콩이래. 유전자 조작 콩이란 말 그대로 자연적인 게 아니라 사람이 콩 유전자를 조작했다는 뜻이야. 콩 속에 제초제(잡초를 제거하는 약)에 강한 유전자를 집어넣는단다. 그러면 제초제를 뿌려도 풀만 죽고 콩은 잘 자라게 된대. 유전자 조작 콩에 대한 안전성은 아직 확실히 알려져 있지 않으니 될 수 있으면 피하는 게 좋겠지?

○ 유전자 조작 식품 덜 먹는 법

· 수입한 콩, 옥수수로 가공된 식품(된장, 두부, 식용유, 캔 옥수수, 팝콘 등)을 줄인다.
· 수입한 토마토, 감자로 가공된 식품(케첩, 감자튀김 등)을 줄인다.
· 외식을 줄이고 우리나라에서 생산된 농산물을 먹는다.

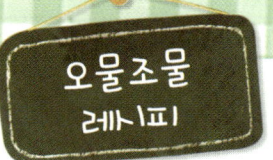

오물조물 레시피

콩 스튜

재료 : 메주콩(대두) 2컵, 완두콩 1/2컵, 토마토 2개, 조청(물엿), 소금

1. 메주콩은 깨끗이 씻어 하룻밤 불린다.
2. 1을 푹 삶는다.
3. 삶은 콩을 찬물에 식혀(껍질이 벗겨지지 않게) 바구니에 건져 놓는다.
4. 토마토는 잘게 썰어 믹서에 갈아 놓는다.
5. 완두콩을 씻어 놓는다.
6. ③과 ④를 냄비에 넣고 약한 불로 저어 주며 끓인다.
7. 걸쭉해지면 ⑤를 넣고 익힌다.
8. 소금과 조청으로 맛을 낸 후 불을 끄고 오목한 그릇에 떠낸다.

세계의 슈퍼푸드

'슈퍼푸드'란 몸에 좋은 영양소가 풍부하고 면역력을 강화시켜 주는 식품을 뜻하는 말이야. 세계적인 영양 연구가 스티븐 프랫 박사가 지은 『난 슈퍼푸드를 먹는다』라는 책을 통해 전 세계적으로 유명해진 개념이지. 미국의 『뉴욕 타임스』와 같은 언론 매체에서는 여러 국가를 대표하는 슈퍼푸드나 계절별로 신선한 슈퍼푸드 등을 선정하기도 한단다.

다음은 스티븐 프랫 박사가 뽑은 14가지 슈퍼푸드야. 그리스와 일본 같은 장수 국가 사람들이 공통적으로 즐겨 먹는 식품들을 참고하여 뽑았다고 해.

1. 블루베리

블루베리에 들어 있는 생리활성물질은 몸속의 해로운 독소를 중화시킨단다. 또 항산화물질은 암을 예방하고 알츠하이머병이나 치매 등 노인성 질병을 줄여 주는 효과가 있대.

2. 오렌지

오렌지는 비타민C가 풍부해 감기 예방과 피부 미용에 큰 효과가 있지. 또한 성인병 예방, 항암 효과, 피로 회복에도 좋단다.

3. 토마토

토마토에는 다른 음식에서는 볼 수 없는 항산화물질인 리코펜이 다량 함유되어 있어. 리코펜은 피부에 해로운 자외선을 막아 피부를 보호하며, 암을 예방하고 콜레스테롤 수치를 낮춰 준단다. 칼륨, 섬유질, 비타민C가 풍부하게 들어 있지.

4. 콩

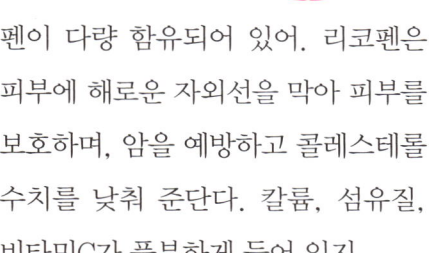

콩은 '밭에서 나는 쇠고기'라고도 불릴 정도로 단백질이 풍부한 식품이야. 질 좋은 단백질을 충분히 섭취해야만 우리 몸의 피부와 뼈, 머리카락 등이 튼튼해질 수 있어.

5. 대두

대두는 콩과 식물 중에서도 단백질을 비롯한 여러 영양소가 가장 풍부하단다. 특히 레시틴이라는 성분이 많이 함유되어 있는데, 레시틴은 뇌 조직을 구성하는 성분으로 치매 예방에 도움을 준대.

6. 귀리

귀리는 섬유질이 많고, 혈당을 조절하는 마그네슘도 충분하게 들어 있어. 칼륨을 비롯한 생리활성물질도 풍부하지. 콜레스테롤 수치를 낮춰 주며 심장 질환을 예방해. 통곡물 귀리를 먹으면 성인 당뇨병을 줄일 수 있지.

7. 호박

호박은 비타민A와 C가 풍부하면서도 칼로리가 낮아 미용과 다이어트에 효과가 좋대. 우리 몸의 세포가 늙고 질병이 퍼지게 되는 것을 막아 주는 노화 방지와 항암 효과도 뛰어난 식품이야.

8. 시금치

시금치는 채소 중에서 비타민A를 가장 많이 함유하고 있고 칼슘도 많은 채소야. 그래서 시금치를 많이 먹으면 정말로 뽀빠이처럼 튼튼해질 수 있지. 섬유소질도 풍부해 변비에도 좋단다.

9. 브로콜리

브로콜리도 블루베리처럼 생리활성물질이 있지. 암을 예방하고 종양이 자라는 것을 억제한단다.

10. 연어

연어에는 우리 몸이 스스로 생성하지 못하는 오메가3 지방산이 풍부하지. 이 지방산이 염증을 줄여 혈액 순환이 잘되게 하고, 좋은 콜레스테롤의 비율을 높여 준단다. 또한 암을 예방해 주고, 세포 파괴를 막아 주는 셀레늄과 비타민B군의 공급원이 되지.

11. 칠면조

칠면조 고기는 일반 육류에 비해 지방이 적은 것이 특징이지. 대신 단백질 함유량이 높아. 또 성장 발육을 돕는 필수 아미노산이 다량 함유되어 있어 어린이에게 좋은 식품이야.

12. 호두

호두에는 양질의 지방과 리놀렌산, 비타민E가 많아서 피부 노화 방지에 좋고, 불포화지방산도 풍부해 두뇌 건강에 좋아.

13. 녹차

녹차를 자주 마시면 콜레스테롤과 혈당 수치를 낮추는 효과가 있어. 또, 충치 예방과 염증 치료에도 도움을 준대.

14. 요구르트

요구르트는 소화 기능을 좋게 해 변비를 없애 준단다. 기력 증강, 갈증 해소에도 도움이 되지. 특히 암을 예방하는 베타카로틴이 많이 들어 있단다.

도움받은 책

어린이책

명정구, 『연어가 자랐어』, 웅진씽크빅, 2008.

가마타 미노루 글, 안도 도시히코 그림, 오근영 옮김, 『생명의 릴레이』, 양철북, 2013.

노정임 글, 안경자 그림, 이정모 감수, 『콩 농사짓는 마을에 가 볼래요?』, 철수와영희, 2013.

어른책

피터 그레이 지음, 장동현 옮김, 『아일랜드 대기근』, 시공사, 1998.

수전 캠벨 바톨레티 지음, 곽명단 옮김, 『검은 감자』, 돌베개, 2014.

21세기 연구회 지음, 홍성철·김주영 옮김, 『진짜 세계사, 음식이 만든 역사』, 미디어컴 퍼니쿠켄, 2008.

정호정, 『치즈 수첩』, 우듬지, 2011.

이영미 지음, 『치즈』, 김영사, 2004.

앤드류 댈비 지음, 강영이 옮김, 『치즈의 지구사』, 휴머니스트, 2011.

빌 로스 지음, 김소정 옮김, 『진기한 야채의 역사』, 눈과마음, 2005.

다치바나 미노리 지음, 김소운 옮김, 『토마토 이야기』, 뿌리와이파리, 2003.

안영민 지음, 『팔레스타인에 물들다』, 책으로여는세상, 2010.

조 사코 지음, 함규진 옮김, 『팔레스타인』, 글논그림밭, 2002.

팸 그라우트 지음, 최지아 옮김, 『특별한 자원봉사여행 100』, 동시대, 2011.

임영신·이혜영 지음, 『희망을 여행하라』, 소나무, 2009.

유미경 지음, 『우리 콩, 세계로 나아가다』, 한국학술정보, 2007.

백인열 외 지음, 『알콩달콩, 우리 콩 이야기』, 기역, 2011.
한국콩연구회 지음, 『콩, 내 몸을 살린다』, 한언, 2009.
이홍석 외 지음, 『콩』, 서울대학교출판부, 1994.

도움받은 사이트

미국하이부시블루베리협회 http://www.blueberry.org/korea/blueberry.htm
즐거운블루베리학교 http://cafe.naver.com/gjblueberry/3463

사진 제공

32쪽, 감자 대기근 추모조각상 ⓒAlanMc
57쪽, 코빌 박사 ⓒFrederick V. Coville
85쪽, 카망베르 마을 입구 ⓒAntonSorokoletov
133쪽, 붉은 광장 ⓒAlvesgaspar

교과과정 연계

우리에겐 감자가 있어요
사회 3-2-1 우리 지역, 다른 지역
사회 3-2-3 다양한 삶의 모습들
사회 4-2-1 경제생활과 바람직한 선택
사회 6-2-2 이웃 나라의 환경과 생활 모습
사회 6-2-3 세계 여러 지역의 자연과 문화
실과 5-1-2 나의 균형 잡힌 식생활
실과 6-1-2 건강한 식생활의 실천
실과 6-2-2 생활 속의 동·식물 이용

약도 되고 옷도 되는 파란 열매
사회 3-2-1 우리 지역, 다른 지역
사회 4-2-1 경제생활과 바람직한 선택
사회 6-2-2 이웃 나라의 환경과 생활 모습
사회 6-2-3 세계 여러 지역의 자연과 문화
실과 5-1-2 나의 균형 잡힌 식생활
실과 5-2-2 생활 속의 동·식물
실과 6-1-2 건강한 식생활의 실천
실과 6-2-2 생활 속의 동·식물 이용

은혜 갚은 카망베르 치즈
사회 3-2-1 우리 지역, 다른 지역
사회 3-2-3 다양한 삶의 모습들
사회 4-2-1 경제생활과 바람직한 선택
사회 6-2-2 이웃 나라의 환경과 생활 모습
사회 6-2-3 세계 여러 지역의 자연과 문화
과학 6-2-1 생물과 우리 생활
실과 5-1-2 나의 균형 잡힌 식생활
실과 5-2-2 생활 속의 동·식물
실과 6-1-2 건강한 식생활의 실천
실과 6-2-2 생활 속의 동·식물 이용

토마토를 던져라
사회 3-2-1 우리 지역, 다른 지역
사회 4-2-1 경제생활과 바람직한 선택
사회 6-2-2 이웃 나라의 환경과 생활 모습
사회 6-2-3 세계 여러 지역의 자연과 문화
실과 5-1-2 나의 균형 잡힌 식생활
실과 5-2-2 생활 속의 동·식물
실과 6-1-2 건강한 식생활의 실천
실과 6-2-2 생활 속의 동·식물 이용

연어와 함께 사는 이텔멘족
사회 3-2-1 우리 지역, 다른 지역
사회 4-2-1 경제생활과 바람직한 선택
사회 6-2-2 이웃 나라의 환경과 생활 모습
사회 6-2-3 세계 여러 지역의 자연과 문화
과학 3-2-1 동물의 생활
실과 5-1-2 나의 균형 잡힌 식생활
실과 5-2-2 생활 속의 동·식물
실과 6-1-2 건강한 식생활의 실천
실과 6-2-2 생활 속의 동·식물 이용

희망을 나눠 주는 열매
도덕 4-8 다양한 조화, 조화로운 세상
도덕 6-8 모두가 사랑받는 평화로운 세상
사회 4-2-1 경제생활과 바람직한 선택
사회 6-2-2 이웃 나라의 환경과 생활 모습
사회 6-2-3 세계 여러 지역의 자연과 문화
실과 5-1-2 나의 균형 잡힌 식생활
실과 5-2-2 생활 속의 동·식물
실과 6-1-2 건강한 식생활의 실천
실과 6-2-2 생활 속의 동·식물 이용

우리 땅에서 키운 우리 콩
사회 3-1-1 우리가 살아가는 곳
사회 3-2-1 우리 지역, 다른 지역
사회 3-2-2 달라지는 생활 모습
사회 4-2-1 경제생활과 바람직한 선택
실과 5-1-2 나의 균형 잡힌 식생활
실과 5-2-2 생활 속의 동·식물
실과 6-1-2 건강한 식생활의 실천
실과 6-2-2 생활 속의 동·식물 이용

세계를 바꾸는 착한 식탁 이야기

1판 1쇄 발행일 2015년 9월 18일 **1판 5쇄 발행일** 2025년 7월 1일
글쓴이 박소명 **그린이** 홍지연 **펴낸곳** (주)도서출판 북멘토 **펴낸이** 김태완
부대표 이은아 **편집** 김경란, 조정우 **디자인** 안상준 **마케팅** 강보람 **경영기획** 이재희
출판등록 제6-800호(2006. 6. 13.)
주소 03990 서울시 마포구 월드컵북로 6길 69(연남동 567-11) IK빌딩 3층
전화 02-332-4885 **팩스** 02-6021-4885

- bookmentorbooks.co.kr
- bookmentorbooks@hanmail.net
- bookmentorbooks__
- blog.naver.com/bookmentorbook

ⓒ 박소명 2015

※ 잘못된 책은 바꾸어 드립니다.
※ 이 책은 저작권법에 따라 보호를 받는 저작물이므로 무단 전재와 무단 복제를 금합니다.
※ 이 책의 전부 또는 일부를 쓰려면 반드시 저작권자와 출판사의 허락을 받아야 합니다.
※ 책값은 뒤표지에 있습니다.

ISBN 978-89-6319-147-8 74300
　　　978-89-6319-093-8 세트

인증 유형 공급자 적합성 확인 **제조국명** 대한민국 **사용연령** 8세 이상
KC마크는 이 제품이 공통안전기준에 적합하였음을 의미합니다.
종이에 베이거나 책 모서리에 다치지 않도록 주의하세요.